I0076628

El e-mail en el Trab@jo

Manual de Supervivencia
Soluciones y Consejos

Juan Carlos Jiménez

Ediciones de Cograf Comunicaciones
Caracas - Venezuela 2008

El e-mail en el trabajo
Manual de Supervivencia.
Soluciones y Consejos

Primera Edición: Marzo 2008

ISBN: 978-980-12-3071-7
Depósito Legal: if2522008399792

Impreso en Venezuela por Gráficas Acea.
Ediciones de Cograf Comunicaciones.
www.libroscograf.com

C O G R A F

Av. Francisco de Miranda con Av. Ppal. de Los Ruices,
Centro Empresaria Miranda, Piso 1, Ofic. 1-K, Los Ruices,
Caracas - Venezuela. Telfs. /Fax: (58-212) 239.5864 /237.9703/6630.
E-mail: info@cograf.com - www.cograf.com - Rif.: J-30336261-3

Índice

Tercera Parte: Cuando somos destinatarios

Cuarta Parte: Buenas prácticas gerenciales

Quinta Parte:

Presentación

Gabriela Planchart

Me ha tocado el retador papel de hacerles la presentación de este excelente libro de Juan Carlos Jiménez sobre el correo electrónico en el trabajo -o como mejor lo conocemos, el e-mail- que constituye una herramienta fundamental en la comunicación dentro del campo laboral. Estoy muy agradecida y mi intención es estimular a los lectores para que disfruten el libro tanto como lo he hecho yo.

El e-mail es una fabulosa herramienta de trabajo para comunicarnos y a lo largo de este libro encontrarán las razones de esta afirmación, las cuales seguramente han pasado muchas veces por su cabeza, pero que aquí han sido organizadas y explicadas de una forma muy sencilla, propia del estilo de Juan Carlos y del que hace gala en los talleres de Cograf que he tenido el placer de compartir. También nos expone en su libro las malas prácticas en el uso de esta herramienta y en las que incurrimos con frecuencia.

Durante la grata lectura de este libro, recordé un curso de apostolado de calidad de servicio para un grupo de directivos del Banco de Venezuela/Grupo Santander, dirigido por Cograf. En esa oportunidad fuimos los "Conejillos de India" de un capítulo especial sobre la comunicación a través del correo electrónico. La participación del grupo, formado por aproximadamente de 15 personas, fue muy dinámica, con muchas observaciones. Para esa época me desempeñaba como responsable de Recursos Humanos y quise que Juan Carlos nos diera sus impresiones sobre un protocolo que habíamos diseñado en el Banco para el uso adecuado del e-mail. Aquella experiencia fue el punto de partida de lo que hoy ustedes están empezando a leer.

Como libro de referencia, el lector puede disfrutar cada una de sus partes con la ventaja de poder leerlas por separado, dada la manera original en que ha sido concebido. Recomiendo ampliamente el prólogo de Italo Pizzolante, experto en comunicación, quien nos ofrece un ensayo sobre la comunicación y los aspectos culturales y sociológicos de este nuevo medio.

La primera parte del libro revisa los costos del e-mail, un aspecto clave de su uso adecuado para garantizar eficiencia en nuestros procesos de comunicación gerencial. La segunda y tercera parte son las dos visiones -muy bien tratadas- desde el punto de vista de quien escribe el e-mail y de quien lo recibe, con recomendaciones prácticas para cada uno de estos roles. La cuarta parte es -como siempre la que más me gusta- una receta práctica para poder hacer un buen uso del correo electrónico.

Estoy segura que este libro se convertirá muy pronto en manual de referencia para todos los que están liderando posiciones en el campo profesional y también para los jóvenes universitarios y todas aquellas personas que cursan estudios de cuarto nivel, por su contenido, alcance y pragmatismo, que es uno de los valores que más buscamos los gerentes para mejorar los procesos en las empresas y para lo cual se requiere una comunicación efectiva que facilite el logro exitoso de las metas.

Dentro del desarrollo de esta serie de monografías de Juan Carlos Jiménez que siempre disfrutamos, aprovecho la ocasión para animarlo a tratar, en un futuro muy cercano, el tema del correo electrónico en otros ámbitos, como la familia, los amigos y en el desarrollo de las redes sociales en Internet, como Facebook.

Por último, quiero resaltar de manera especial dos de los comentarios finales del autor en relación al uso productivo del e-mail: "Hazlo desde tu liderazgo personal y no desde tu investidura corporativa... Y siempre toma en cuenta la calidad del servicio como un arte supremo".

Gabriela Planchart
gabriela_planchart@banvenez.com
Caracas, febrero 2008

PRÓLOGO
¿Comunicar?: Nos sobra arrogancia y nos falta humildad

Ítalo Pizzolante Negrón

Comparto una frase trillada y un tanto incomprendida: "la tecnología ha cambiado nuestras vidas"; por ello modifico el tiempo gramatical del verbo "cambiar" para subrayar que la tecnología "cambia" nuestras vidas mucho más rápido que nuestra propia capacidad para comprenderlo y, más aún, aceptarlo, con la humildad de aquel que está listo para aprender o, mejor aún, para re-aprender.

Con esa visión y sobre todo actitud, inicié la lectura de cada hoja de estas reflexiones salpicadas de la genialidad a la que nos tiene acostumbrados Juan Carlos Jiménez y quien gentilmente me ha honrado al invitarme a prologar.

Lo que he encontrado en mi vida profesional y sobre todo en mis vivencias personales, es que la expansión de la complejidad[1] no es simétrica entre nosotros, ya que depende de variables culturales que nos caracterizan y diferencian, haciendo más profundo y retador el desafío de comunicar. Encontrar aquel valor que identificamos como "común" y así intercambiar mensajes que pueden ser racionales o emocionales, también voluntarios o involuntarios y que pueden ser trasmitidos de manera formal o informal. Planteo sólo seis ejes de combinaciones de tonos infinitos y que generan estímulos muy diferentes en cada ser humano.

---

(1) Beck, Ulrich (2003). *La Sociedad en riesgo. Hacia una nueva modernidad, Barcelona, Paidos; Bauman, Zygmunt (2003)*, **Modernidad líquida**, Buenos Aires, Fondo de Cultura Económica.

En el proceso de incorporación de las nuevas tecnologías, frecuentemente hablamos de "medios" de comunicación, sin embargo, muchas veces la propuesta de valor que agrega a nuestras vidas la novedad tecnológica, está expresando un optimismo casi arrogante; una visión más humilde nos permite situarnos en un plano de análisis en el que deberíamos hablar de "medio de información", con gran potencial a convertirse en un extraordinario "medio" para comunicarnos.

La distancia que separa la información de la comunicación depende de un nuevo estado de consciencia de las realidades en las que vivimos, pero sobre todo de construir nuevas habilidades en cada uno de nosotros y ello, sin escapatoria alguna, requiere de nuevos conocimientos como aquellos que nos ofrece la lectura de este libro. Sólo el aprendizaje y mantener nuestro pensamiento flexible y abierto al cambio, nos permitirá ser conscientes del nuevo entorno social. Nuevos conocimientos que nos permitirán armonizar nuestras expectativas e intereses, con las de aquella otra persona con la que deseamos intercambiar información, y ello permita la maravilla de comunicarnos. Un logro, cuya vocación requiere al menos dos intereses que se encuentran, se alinean y para que integren un sistema virtuoso y sustentable deben convivir en un ambiente de inclusión, comprensión y respeto por las diferencias.

Ingeniería social: medios y el neo-mensaje

Juan Carlos Jiménez, en su introducción, presenta al e-mail como una herramienta de comunicación[2] y es fundamental conocer sus limitaciones al utilizarlo, queriendo influir positivamente en las percepciones y actitudes del destinatario[3], para cuando no logremos comunicarnos, no cometamos la equivocación de "matar al mensajero". Puede que no sea responsabilidad del "medio", sino de nuestro desconocimiento en la forma más apropiada de utilizarlo, tomando en cuenta el impacto emocional que tiene la palabra escrita y la estructura del propio e-mail[4].

---

(2) Jiménez, Juan Carlos (2008), *El e-mail en el trabajo. Manual de Supervivencia. Soluciones y Consejos*. Cograf Comunicaciones.
(3) Idem.
(4) Idem.

El reto que asumimos cuando deseamos comunicarnos es que la "información" que deseamos transmitir se convierta en algo relevante, comprensible y útil para ambos, remitente y destinatario; me refiero a la "mágica" relación que nace cuando encontramos y podemos identificar claramente un interés que es común y que se intercambia entre dos o más personas. El paradigma no es simple: muchas más son las veces que enviamos y recibimos información, frente a las muy pocas veces cuando realmente logramos comunicamos. Las siguientes páginas de este libro, amigo lector, les permitirán responder y profundizar esta reflexión utilizando un medio que ya es parte de nuestra cultura contemporánea y para el que no hemos dedicado el tiempo suficiente para conocerlo y aprovecharlo más y mejor.

La cultura es una construcción social de la que muchas veces no somos conscientes y esto hace que en ocasiones tomemos como "naturales" costumbres, formas de hacer valoraciones de otros, que no lo son. Viene a mi mente la ya emblemática expresión "el medio es el mensaje"[5], en consecuencia, aún antes de compartir nuestras propias ideas, ya comunicamos con la sola selección del "medio" que utilizamos, configurando en la mente de nuestro destinatario una idea previa de nosotros mismos y que, en el caso del e-mail, dependerá hasta del "asunto" o título del mail, del uso o no de exclamaciones, del uso de mayúsculas. La complejidad se potencia cuando el teclado no es en español y no podemos acentuar la palabra que hasta podría cambiar el significado de una oración. No es fácil comunicar lo que queremos, ¡créalo!

Recuerdo, no hace muchos años, la necesidad imperiosa de mostrar en la tarjeta de presentación un número de fax, con el fin de enviar un mensaje de modernidad que dejara atrás el antiguo telex. Luego, poco después, la ausencia de una dirección de correo electrónico en la misma tarjeta de presentación generaba inmediatamente percepciones frecuentemente peyorativas sobre su portador, dando espacio a la especulación sobre las cualidades de su perfil personal y profesional.

---

(5) Mac Luhan, Marshall (1967). *The Medium is the Message.*

La vertiginosa aparición de nuevos medios para la comunicación electrónica y sus diferentes aplicaciones, llevaron a las nuevas generaciones a una sociedad al borde de convertirse en etnocentrista[6], es decir, considerar que la cultura, su "cultura", es sólo una y que ella es propia y que pertenece a un grupo de amantes o hasta fundamentalistas de la tecnología. Me refiero a una visión con el riesgo de convertirse en excluyente y puramente tecnocrática de la sociedad, con un neo-lenguaje que cambió el alfabeto, abreviando palabras en la búsqueda de mayor velocidad para escribir un SMS (servicio de mensajes cortos) en el equipo de telefonía celular, un nuevo actor social que se olvidó de la ortografía básica y no la extraña, donde una letra abrevia la palabra, y la "ñ" ya no existe, haciéndole hasta perder la propia identidad a aquellas personas, ya "antiguas", que la tienen incorporada a sus apellidos: la Sra. Cañada, ahora se llama Sra. Canada, mi prestigioso amigo Justo Villafañe, es Justo Villafane en su dirección de correos y un querido cuñado es ahora cunado. Todo un nuevo alfabeto contemporáneo, un sociolecto cuyas palabras habrán de ser sometidas nuevamente a la Real Academia de la Lengua Española para evitar malos entendidos.

Los seres humanos somos capaces de hacer de lo simple un proceso muy complejo

Permítanme compartir algunas de esas "simples" situaciones que vinieron a mi mente luego de leer esta guía práctica de actuación gerencial que Juan Carlos Jiménez ha escrito para el disfrute de nosotros, sus lectores.

Muchas veces, para enviar un mail, utilizamos para los destinatarios el recurso del "cc" (con copia), y suele suceder que, luego, no nos detenemos a pensar en la implicación de olvidar alguien a quien debimos copiar, generando diversas interpretaciones en el resto de los destinatarios copiados, por no estar incluida esa persona; nos sucede, en consecuencia, que pasamos días preocupados por la señal que enviamos por el olvido. Peor aún, casos

---

(6) Etnocentrismo: m. *Antrop.* Tendencia emocional que hace de la cultura propia el criterio exclusivo para interpretar los comportamientos de otros grupos, razas o sociedades (Diccionario de la Real Academia Española, 2007)

en los que hemos copiado a alguien que no debió estar dentro de los destinatarios y que por el solo hecho de estar en el listado de copias, transmite una idea contraria a nuestras intenciones. Situación que no resuelve la tecnología, ni la reingeniería de procesos y que sólo podemos corregirlo en el software y mapas de nuestra mente, en una profunda Reingeniería del Pensamiento[7] en tiempos cambiantes.

Otra experiencia es aquella cuando consideramos, al enviar un e-mail, que algún destinatario no debe estar en "cc" (con copia) que es visible a todos, sino bajo la calificación de "bcc" (copia oculta), no vista por otros, para que de esta manera, el destinatario "oculto" pueda tener acceso a la información sin que el resto de las personas copiadas en el mail lo sepan. La complejidad comienza cuando una vez leído el mail, el destinatario oculto o copiado en forma de "bcc" decide responder, y para ello, selecciona la función "copia a todos", o cuando decide reenviar la información haciendo visible todos los destinatarios. En ambos casos, recibió una información que no fue enviada en forma transparente para todos, y al no tener consciencia del uso correcto del e-mail, ha delatado frente a otros al remitente que envió inicialmente la información y que esperaba que el "destinatario oculto" (bbc) se mantuviera en el anonimato.

Peor aún son aquellos casos en los que a partir de un largo correo repleto de respuestas de diferentes destinatarios, al usar la función "responder a todos", se dejan ver, en el cuerpo del e-mail, algunos comentarios que nunca fueron escritos para la lectura de otros, descubriendo mensajes que jamás quisimos conocer.

Sucede con frecuencia y por mera comodidad personal, el pensar que el e-mail es para uso general, en cualquier circunstancia y al utilizarlo, en situaciones inadecuadas, hace necesario explicaciones verbales[8]. Todo, por no haber comprendido que frecuentemente el e-mail no es el medio de comunicación más adecuado para obtener credibilidad y generar confianza[9].

---

(7) Pizzolante, Italo (1994). Reingeniería del Pensamiento, UCAB, Venezuela
(8) Jiménez, Juan Carlos (2008), *El e-mail en el trabajo. Manual de Supervivencia. Soluciones y Consejos*. Cograf Comunicaciones.
(9) Idem.

.

La fábrica de significados: hacia una nueva lógica

La sociedad es una fábrica de significados[10] y si realmente queremos comunicarnos en el mundo multicultural de hoy, debemos estar atentos a los diferentes estímulos que nos llevan a reaccionar y que son siempre proporcionales al equilibrio que debe existir entre la emociones que nos motivan y la racionalidad que nos hace evaluar y pensar antes de actuar. Este equilibrio, no sólo depende de la información transmitida por aquello que hacemos o dejamos de hacer, generando buenas o malas percepciones; depende también de un renovado estado de consciencia[11] sobre los nuevos procesos de relación entre seres humanos que han sido modelados por la tecnología, sus diferentes medios y hasta por sus propias imperfecciones. El mail, es tan solo una de esas herramientas de gestión que más allá de facilitarnos la vida, podría complejizarla aún más, en la medida en que no aprendemos a utilizarlo y asumamos con humildad que estamos frente a nuevos códigos que no desarrollamos en la educación primaria y, en consecuencia, debemos estar dispuestos a re-aprender, a leer y a escribir nuevamente.

La cultura es un comportamiento común adquirido[12] y, en consecuencia, es producto del conjunto de significados socialmente compartidos[13] que tienen una influencia dramática en nuestras actuaciones a partir de lo que percibimos de todos aquellos que nos rodean. Por ello, no dudo que los diccionarios del mañana, nada tendrán que ver con los que hemos conocido hasta el presente y créanlo: nadie extraña lo que no conoce, en consecuencia, ese culto por el lenguaje que conocimos y las frecuentes confusiones sobre la intencionalidad paranoica de una palabra u oración mal escrita, será cosa del pasado y nadie lo echará de menos, buscando abreviación y velocidad.

(10) Bauman, Zygmunt (2001). *La sociedad individualizada, Madrid*. Cátedra.
(11) Pizzolante, Italo. *El Desafío de Modelar*, en proceso de edición, Venezuela.
(12) Piscitelli Murphy, Alejandro (2007). *Comunicación Empresarial Responsable*, Buenos Aires, Temas.
(13) Alvares Tejeiro, Carlos (2007). *Comunicación Empresarial Responsable*, Buenos Aires, Temas.

Pero quizás, el eje de análisis más importante de la reflexión que hoy comparto con ustedes, es la que me hace regresar a una frase que incorporé años atrás y que incluí en los 10 Mandamientos de la Comunicación Estratégica[14], expuestos en mi libro El Poder de la Comunicación Estratégica[15] y que sostiene que la comunicación no resuelve problemas de organización, ya que la organización se resuelve sólo con buena gerencia[16]. Esta afirmación busca valorar en forma oportuna, justa y suficiente a la comunicación como una herramienta para el logro, un medio, pero no un fin en sí mismo. El logro será el resultado esperado, cuando hayamos desarrollado más y mejores habilidades gerenciales para tomar las decisiones que debemos tomar. Hacer responsable a la "comunicación" de nuestra propia incapacidad para definir lo que queremos, el modelo de organización que requerimos, entre otras tantas exigencias gerenciales es, sin duda, una forma de engañarse a sí mismo.

Nos sobra arrogancia y nos falta humildad para aceptar que es mucho lo que nos falta por -aprehender-, más allá del tradicional concepto de aprender. Me refiero a que debemos hacer lo propio, atrapando los nuevos conocimientos y habilidades y para ello no puedo imaginar un instructor más legítimo y eficaz que Juan Carlos Jiménez para ayudarnos a comprender la compleja simplicidad del mundo tecnocrático contemporáneo.

El autor de esta obra es un apasionado "conspirador transparente" como diría Elias Santana, su compadre y buen amigo de ambos. Es un ciudadano ejemplar de larga trayectoria en las Organizaciones de Desarrollo Social, un destacado y dedicado profesional de la Comunicación Estratégica, que ya había acuñado con sus actuaciones cada letra de la RSE (Responsabilidad Social Empresarial) mucho antes de que se escribiera de ella como hoy en día se hace. Juan Carlos, quien tuvo la generosidad de pedirme prologar su nuevo libro y quien es el afortunado esposo de Isabel -su brillante consejera y extraordinaria profesional del diseño-, es

---

(14) Pizzolante, Italo (2001). *El Poder de la Comunicación Estratégica: Reflexiones de un Evangelizador Corporativo*; con 6 Ediciones: PANAPO Venezuela 2001; Universidad de Medellín, Colombia 2003; Universidad Javeriana Colombia 2004 y 2005; El Nacional, Venezuela 2006, Club del Lector Colombia 2007.
(15) Idem.
(16) Pizzolante, Italo (1994). *Reingeniería del Pensamiento*, UCAB, Venezuela.

además un consumado autodidacta que ha hecho del ejercicio práctico diario numerosas propuestas teóricas para beneficio de todos los que lo conocemos y ahora tenemos la oportunidad de leer nuevamente sus reflexiones.

"El e-mail en el trabajo" es una guía profunda, sencilla y práctica; una publicación oportuna, necesaria y muy afortunada. Una guía de actuación que pone en nuestras manos el poder de lo simple y que debe formar parte de la caja de herramientas gerenciales de todo ejecutivo exitoso que es flexible y abierto al cambio. Juan Carlos, con su fresca y pragmática visión, nos invita a superar, con humildad, los mitos que siembran muchas veces las escuelas de negocios y las numerosas publicaciones gerenciales que hablan de tecnología, cambiando el paradigma de esta invención del Siglo XX: el e-mail.

Cada página de este libro nos responde preguntas cuyas respuestas lucían complejas y frecuentemente muy vagas. El navegar esta lectura, con la guía de Juan Carlos, sobre los diferentes roles que asume el remitente o destinatario de un e-mail, sin duda nos permitirá construir nuevos criterios para el uso de la herramienta, potenciando su utilidad para nuestro beneficio personal y profesional.

Consciente de los elevados costos en los que frecuentemente incurrimos al utilizar inadecuadamente el e-mail, Juan Carlos nos conduce hacia una nueva lógica, pero también a corregir con coraje, nuestro recurrente error de "escribir como hablamos", un hecho que parece simple, pero que me obligó a releer varias veces este prólogo, antes de recibir un llamado de atención por parte de algún acucioso lector que sepa sacarle el mayor provecho a este libro de Juan Carlos Jiménez.

Ítalo Pizzolante Negrón
ipizzolante@pizzolante.com
Madrid, 1 de octubre, 2007

INTRODUCCIÓN:
Por qué un libro impreso acerca del e-mail

El correo electrónico o "e-mail" (abreviación del inglés "electronic mail") es la aplicación de mayor uso en el mundo que tiene la plataforma tecnológica de Internet.

No sólo es una especial herramienta de comunicación, trabajo, estudio, investigación y archivo, sino también un fenómeno sociológico en sí mismo, cuya raíz está en su influencia creciente en todos los aspectos de las vidas de las personas, en todos los países y en todas las culturas.

El correo electrónico le ha agregado ventajas trascendentales al correo "tradicional" (sistemas de correo escrito que existían antes del surgimiento de Internet y que aún existen): inmediatez, facilidad de uso y economía.

Tan importantes son estas ventajas que el "i-meil" (como se pronuncia en inglés), ha cobrado una importancia crucial en todo tipo de trabajo. Sin embargo, es particularmente curioso como el e-mail ha penetrado la vida de las compañías y sus trabajadores.

Las empresas han incorporado esta herramienta a su cotidianidad como un recurso de productividad tan importante (y a veces más) como el teléfono, el escritorio, la computadora o los archivos, sin casi resistencia por parte de sus trabajadores.

Pero, el proceso de asimilación del e-mail se ha dado, prácticamente, sin suficiente preparación. En algunos casos se da entrenamiento sobre el funcionamiento de un programa específico de correo electrónico (por ejemplo el "Outlook"). En otros hay "políticas" de uso del e-mail, pero principalmente cubren necesidades de seguridad y control de los sistemas informáticos.

Son muy pocas las compañías que se están ocupando, de manera sistemática, de la efectividad y la productividad de sus comunicaciones escritas a través del correo electrónico, y de las necesidades de entrenamiento formal de sus empleados sobre estos aspectos.

Hemos asumido que saber escribir es automáticamente saber redactar bien, y esto es suficiente para comunicarnos por escrito con eficiencia. A veces pensamos que si escribimos como hablamos nos entenderán. Pero resulta más difícil dominar correctamente la comunicación escrita que la verbal y la no-verbal, como veremos más adelante.

Por ejemplo, todos los días las empresas experimentan grandes pérdidas de tiempo por discusiones estériles a través de correos electrónicos entre empleados, sobre aspectos que pudieron resolverse en un par de minutos con una llamada telefonica.

Igualmente, cada día debemos invertir más tiempo para leer y darle seguimiento a una inmensa cantidad de mensajes escritos de los que nos llegan copias innecesarias, o que son sumamente difíciles de leer, porque han sido redactados con muy poca rigurosidad lingüística.

Al lado de la mayoría de correos electrónicos (que sin duda nos ayudan a ser más productivos y nos hacen ahorrar tiempo), el volumen creciente de los e-mail y la ineficiencia de muchos de ellos ha estado generando una situación que en ciertos momentos parece inmanejable.

Buena parte de la improductividad de ciertos hábitos en el manejo del correo electrónico se origina en la falta de una visión global de los diferentes aspectos relacionados con la comunicación escrita, más allá de la redacción o el dominio de los recursos tecnológicos.

En este sentido, con el presente libro busco aportar reflexiones y conocimientos sobre los factores claves que determinan la efectividad de las comunicaciones escritas:

• Comprender cómo actúan y qué valoran más los destinatarios de nuestros mensajes escritos, para poder influir positivamente en sus percepciones y actitudes.

• Tratar a cada destinatario de la manera más personalizada posible, tomando en cuenta el impacto emocional que tienen las palabras escritas y la estructura del e-mail.

• Utilizar buenas prácticas de comunicación escrita relacionadas con la gerencia personal del correo electrónico como herramienta y como canal de comunicación.

Estos son los pilares principales sobre los que he desarrollado el texto que tiene frente a usted.

No se trata de un libro sobre redacción, aunque abordo muchos aspectos esenciales que tienen que ver con ésta; y tampoco es un libro sobre tecnología, independientemente de que sin ella no habría surgido la idea de escribirlo y debo abarcar también algunos de sus componentes.

Mi intención es ayudar a mejorar las comunicaciones escritas dentro de las empresas, con lo que contribuiría a que se aproveche mejor el tiempo, sean más productivas y mejoren las relaciones entre sus trabajadores y su ambiente laboral.

Aparte de las investigaciones involucradas, las ideas contenidas en estas páginas las compartí primero en decenas de conferencias y seminarios, en los que confirmé la necesidad de un espacio para las presentes reflexiones y la utilidad práctica e inmediata de las recomendaciones derivadas.

Estoy muy agradecido a todas las personas de quienes he podido aprender las ideas principales aquí presentadas, clientes, socios, compañeros de trabajo, familiares y amigos, quienes también me han brindado el apoyo que requiere la elaboración de un libro como éste.

También le estoy muy agradecido a usted, quien me lee, por permitirme mostrarle estas reflexiones y caminos de oportunidades para su vida profesional y personal, en términos de mejoramiento continuo.

Por favor, envíeme sus comentarios sobre este libro y por ello reciba de antemano mi sincero agradecimiento.

Juan Carlos Jiménez
jucar@cograf.com
Caracas, septiembre 2007

Breve referencia histórica

Con esta reseña quiero poner sobre la mesa un marco de referencia útil sobre algunas de las condiciones que dieron origen al correo electrónico y las ideas que cruzaban ese proceso.

Internet dio sus primeros pasos como un proyecto de defensa de los Estados Unidos. A finales de los años 60, la Agencia de Proyectos de Investigación Avanzada del Pentágono (abreviado en inglés como ARPA) planteó la necesidad de un sistema para garantizar la comunicación entre lugares alejados en caso de ataque nuclear.

El primer nodo de aquel sistema fue instalado en la Universidad de California (UCLA), en 1969. En diciembre de ese año la pequeña red llegó a cuatro nodos, y se llamó ARPANET (Advanced Research Projects Agency Network). Esas cuatro computadoras podían transferir información a través de líneas dedicadas de alta velocidad, y los científicos e investigadores podían compartir las facilidades de otras computadoras, a distancia.

El correo electrónico fue creado en 1971 por Ray Tomlinson. En ese tiempo existía un sistema de mensajería en cada computadora (que era compartida por varios usuarios), pero no había un programa de correo propiamente dicho, que permitiera enviar un mensaje de un usuario a otro.

Lo que se hacía era colocar en un directorio predeterminado el archivo que contenía el mensaje que queríamos que fuera leído. De ese modo, cuando el destinatario quería saber si tenía correo, entraba en dicho directorio y revisaba si había algo. Como si se tratara de una especie de cartelera, pero dentro de la computadora.

Tomlinson tuvo la idea de crear un programa que permitiera enviar estos mensajes de una computadora a otra distinta. Como necesitaba separar de algún modo el nombre del usuario de la máquina desde la que se enviaba el correo, eligió la arroba ("@") como divisor entre el nombre del usuario y el de la computadora en donde se ubica el buzón de correo.

En inglés el símbolo "@" se pronuncia "at", que significa "en" o "en tal lugar". En este sentido, podríamos decir "estoy en Caracas" expresándolo como "estoy @ Caracas". Mi dirección de e-mail jucar@cograf.com, se debe leer como el buzón de correo de "jucar" ubicado en el dominio "cograf.com".

El nombre e-mail (una contracción de "electronic mail") viene de la analogía con el correo postal: Ambos sirven para enviar y recibir mensajes, y se utilizan "buzones intermedios" (ubicados en servidores), en donde los mensajes se guardan hasta que sus destinatarios los retiran.

Originalmente la red ARPANET tenía el propósito de que se procesaran datos a distancia, pero en esos días, lo que se movía por allí eran noticias y mensajes personales. Los investigadores estaban usando ARPANET para colaborar en proyectos, intercambiar notas sobre sus trabajos y, eventualmente, enviarse uno que otro chismecito.

No era que sólo utilizaran ARPANET para las comunicaciones persona a persona, pero había mucho entusiasmo por esta posibilidad, mucho más que por la computación a larga distancia. Eso generó mucha presión para que se desarrollara intensamente el correo electrónico y surgieran las primeras listas de distribución.

En 1973, se hizo la primera conexión internacional entre un servidor de la University College de Londres y el Royal Establishment, de Noruega. En 1975 se creó la primera lista de distribución de correo electrónico de ARPANET, llamada "MsgGroup" como abreviación de "Grupo de Mensajes".

En el año 1976, la Reina Isabel de Inglaterra se convirtió en el primer Jefe de Estado en utilizar el correo electrónico. En el mismo año, los políticos norteamericanos Jimmy Carter y Walter Mondale hicieron uso diario del correo durante sus campañas electorales (entonces el precio del mensaje era de 4 dólares).

En 1979, se consideró la necesidad y posibilidad de añadir algo de emoción a los mensajes escritos y se crearon los "emoticones", un neologismo cuya raíz es una palabra compuesta por dos palabras que en inglés significan "emoción" e "ícono".

Estos se refieren a una secuencia de caracteres que si usted los ve con la cabeza inclinada hacia su izquierda percibirá una representación simbólica de una cara humana con una emoción. Por ejemplo, el emoticón :-) se suele utilizar para simbolizar una cara sonriente.

En 1980, aparecen las primeras listas de correo moderadas. En el año 81 surgieron explosivamente en las universidades los "grupos de discusión". En 1982 se envió la primera carta "en cadena".

El Colby College (en Maine, USA) fue la primera institución de enseñanza que en 1983 proporcionó una cuenta de e-mail a todos sus alumnos.

William Gibson publicó el libro de ciencia ficción "Neuromancer" en 1984, y en éste define y usa por primera vez el término "ciberespacio".

En noviembre de 1988, Internet fue infectada por primera vez por un virus. Unas 6.000 computadoras resultaron afectadas, incluyen-

Algunos de los emoticones más frecuentes en los e-mails

:-)	=	Cara feliz con nariz
:)	=	Cara feliz sin nariz
;-)	=	Cara guiñando un ojo, con nariz
;)	=	Guiñando el ojo, sin nariz
:-D	=	Sonrisa con carcajada
8-)	=	Cara feliz de sorpresa
:-(	=	Cara triste o de mal humor, con nariz
:(	=	Cara triste o de mal humor, sin nariz
:'(	=	Cara triste llorando
8-O	=	Cara sorprendida con nariz
=O	=	Muy sorprendido o asombrado
:-\	=	Mueca de desagrado
:-|	=	Cara seria
:-X	=	"Mis labios están sellados", o "en silencio"
:-b	=	Sacando la lengua burlonamente
8-P	=	Se me hace agua la boca con ojos muy abiertos
<3	=	Un corazón o "te quiero"
0:-)	=	"Soy un santo", "soy inocente"
:-*	=	Beso

do servidores de la NASA, del Ejército, Universidades, etc. En el Instituto de Tecnología de Massachusset (MIT) se descubrió que el virus llegaba mediante el correo electrónico y se le denominó "gusano de Internet" ("Internet Worm").

En 1989, las empresas norteamericanas MCI Mail y CompuServe sacaron al mercado la primera conexión de correo electrónico para Internet. En ese mismo año, Tim Berners-Lee y el Consejo Europeo de Investigación Nuclear (CERN) crearon el "hipertexto" o "hipervínculo", o lo que usted conoce como "link", que a su vez se convirtió en la base de la tecnología "World Wide Web" (www) en 1992, hoy más comúnmente llamada "web", que significa "red".

En marzo de 1994, una firma de abogados en USA (Canter & Siegel), publicó el primer mensaje comercial no solicitado ("spam") para promocionar la empresa. Se trataba de un experimento, como contó después Siegel en su libro "Cómo hacer una fortuna en la autopista de la información". Pero con el tiempo se ha convertido en uno de los dolores de cabeza más grandes de Internet.

Como puede verse al principio de esta reseña, si bien el e-mail fue creado por una élite de científicos con unos propósitos muy específicos, ellos mismos fueron arrastrados por el poder de interconexión humana de esta herramienta.

En Venezuela, la historia del e-mail es mucho más reciente, aunque las personas que lo usan en el presente tienen la sensación de haberlo utilizado toda la vida. La experiencia es tan fuerte que parece que la gente olvida cómo era su vida antes del correo electrónico.

Si bien en los años 80 algunas de las corporaciones más grandes del país contaron con sistemas privados de mensajes electrónicos, como el "CCMail", no fue sino hasta el año 94 que comenzó a existir la posibilidad de contratar una cuenta personal de conexión a Internet, y en consecuencia, poder contar con una dirección y un buzón de correo electrónico.

Hasta el año 2000, en el país habían menos de 200 mil suscripciones pagadas a Internet, y en ese momento cada cuenta de acceso podía ser utilizada hasta por tres personas. Lo que entonces significaba un universo de unos 600 mil internautas, versus los 4.5 millones que existen para finales del 2007.

Podemos decir que el e-mail cada día tiene más importancia como herramienta de trabajo y esto supone un proceso creciente de absorción de nuestro tiempo, en una función para la que no contamos con un entrenamiento formal, o claros lineamientos que sirvan de guía en el quehacer cotidiano.

En las empresas hemos asumido las destrezas básicas de escritura como condición suficiente para garantizar las comunicaciones a través de este medio. Pero todos los días queda demostrado que no es así y que la comunicación escrita requiere de habilidades especiales, no sólo de redacción, sino de comprensión de los diferentes factores que influyen para que un mensaje a través del e-mail sea positivamente productivo.

Para adquirir esas destrezas hace falta aceptar la necesidad de entrenarnos más y mejor. Las empresas tienen el reto de implementar adecuados programas de entrenamiento e inducción en este sentido, pero los trabajadores tenemos la responsabilidad individual de prepararnos mejor de lo que hace el sistema educativo formal en materia de comunicación escrita.

PRIMERA PARTE
Los costos del e-mail

Beneficios del correo electrónico

Para todos quienes lo utilizamos, el e-mail se ha convertido en una herramienta indispensable de comunicación, tanto para el trabajo como para la vida personal, y esto no ha ocurrido de manera fortuita. Sus características y efectividad han hecho que sea la aplicación de mayor uso que tiene la plataforma de Internet, y justifican plenamente su vitalidad en nuestras vidas.

Sus ventajas sobre los sistemas de correo tradicional son indiscutibles. Su funcionalidad nos ha permitido incrementar nuestra productividad y eficiencia laboral, agilizando actividades y mejorando todos los tipos de procesos que involucran información clave para nuestras responsabilidades.

Por razones didácticas, he agrupado los beneficios del e-mail como medio, en una especie de decálogo:

1. Disponibilidad

Es un recurso a nuestro alcance durante las 24 horas del día y los 365 días del año, lo que nos permite estar conectados con el mundo todo el tiempo, para informar o estar informados. Sólo necesitamos una computadora y una cuenta de acceso a Internet, bien sea propia o de otra persona.

2. Accesibilidad

Gracias a la naturaleza virtual de nuestra dirección de correo electrónico, podemos enviar y recibir mensajes desde diferentes lugares: En el trabajo, en la oficina del cliente, en un aeropuerto, un hotel, un restaurante, un centro comercial, en un instituto educativo, en nuestra casa o en la de nuestros familiares.

3. Rapidez

La información a través del e-mail viaja más rápido que a través del fax o un sistema expreso de encomiendas, como el de FedEx o UPS. Los destinatarios pueden recibir nuestros mensajes casi de manera instantánea, y a su vez podemos recibir sus respuestas con la misma inmediatez.

4. Libertad de decisión

Cada quien decide cuándo y dónde leer los mensajes que recibe, de acuerdo a la importancia y la prioridad que establece, de manera personal. De igual manera, cada quien tiene el poder de decidir si responde o no cada mensaje recibido, y cuándo lo hace. En otras palabras el e-mail le da más tiempo para responder, ventaja que la comunicación cara-a-cara o el teléfono no permiten. En este mismo sentido, se dice que el e-mail es un medio "asincrónico": Las personas involucradas no necesitan coincidir en el tiempo para comunicarse.

5. Multi-destinatarios

Uno de los beneficios que más ha fascinado al mundo es poder transmitir el mismo mensaje a más de una persona, al mismo tiempo, sin tener que re-trabajar o hacer copias. No sólo es algo sumamente fácil de hacer, sino que no implica para nosotros ningún costo adicional.

6. Multi-documentos

En cada correo electrónico podemos incluir diferentes tipos de documentos digitales (imágenes, sonido, video, hojas de cálculo, gráficos, textos, etc.) sin que haya mayores implicaciones para el remitente que el tiempo que requiere la transmisión, según el peso de cada documento.

7. Ahorros significativos

Además del tiempo que ganamos con los beneficios antes mencionados, ahorramos papel, sobres, estampillas, y el resto de la logística operativa del correo tradicional. Pero también ahorramos espacio y tiempo, porque el sistema de e-mail nos brinda la posibilidad de ordenar, clasificar, almacenar y gerenciar los mensajes que recibimos, de acuerdo a los criterios de cada quien.

8. Documentación

Para los procesos de intercambio de información en las empresas, resulta muy beneficioso que el correo electrónico deje un respaldo formal y detallado del contenido específico de cada comunicación, lo que nos facilita el seguimiento de datos o instrucciones en un momento determinado, y nos proporciona una evidencia escrita de lo que se ha dicho y quiénes han participado. Cada mensaje puede releerse tantas veces como se desee.

9. Retransmisión fidedigna

Podemos retransmitir una información o un mensaje de manera fiel a la fuente original, sin cambiar su contenido y evitar la distorsión que casi siempre se da de manera implícita en la comunicación verbal, cuando reproducimos los mensajes de otros con nuestras propias palabras o reinterpretamos información.

10. Efectividad

Cuando los correos electrónicos están debidamente personalizados, son oportunos para el destinatario, están bien escritos (son concisos y van al grano) y toman en cuenta las buenas prácticas de la comunicación escrita, llegan a ser poderosamente efectivos, en cuanto a los objetivos del remitente.

Como un beneficio adicional para las empresas, también podemos decir que el e-mail ha contribuido a allanar sus estructuras jerárquicas. Hoy en día es común ver al presidente de una gran corporación manteniendo comunicación escrita con todos los niveles de empleados, y con más frecuencia de la que había antes del correo electrónico.

Otros beneficios relativos

El sistema de correo electrónico nos ofrece otras ventajas, pero tienen un valor relativo, porque en ciertas condiciones su uso puede llegar a tener consecuencias negativas.

Tal es el caso de la posibilidad de configurar respuestas automáticas a los mensajes que recibimos. Se trata de un recurso que puede tener utilidad cuando no revisaremos nuestro buzón en cierto tiempo, bien sea porque estemos de viaje, o por cualquier otra razón.

Sin embargo, para que esas respuestas automáticas sean eficientes, debemos indicar en su configuración la dirección de los remitentes a quienes deseamos responder de manera automatizada. De lo contrario los resultados pueden ser perjudiciales.

Por ejemplo, si recibimos uno de esos "spam" concebidos para validar nuestra dirección de correo, y nuestro e-mail lo responde automáticamente, a partir de ese momento comenzaremos a recibir más "correos basura" de lo habitual.

¿Cuáles son estos "spam" engañosos, que buscan validar nuestra dirección de e-mail? Son, por ejemplo, muchos de esos que recibimos de personas que no conocemos y que incluyen una "inocente" nota que dice: "Si no quiere seguir recibiendo estos mensajes haga click aquí".

Cuando respondemos esos mensajes haciendo "click", estamos confirmando a quien envía el "spam" (el "spamer") que esa dirección pertenece a quien dice pertenecer, e inmediatamente cobra más valor en el "mercado negro" de listas de direcciones de e-mail.

Otro beneficio relativo es la posibilidad que ofrecen algunos programas para chequear si el e-mail que enviamos a alguien fue leído o no por esa persona y cuándo.

Este recurso sólo funciona cuando usted y su destinatario se han puesto de acuerdo para confirmar la recepción del mensaje. Si no, su destinatario tiene la potestad de desactivar la función tecnológica que le avisa a usted que su mensaje fue leído.

Cada vez menos personas utilizan esta opción porque de alguna manera les hace sentir que son "controlados" por el remitente y les genera el compromiso implícito (y automático) que supone haber leído el mensaje.

Un tercer beneficio relativo del e-mail (que tampoco he incluido en el decálogo anterior) es la posibilidad de "adornar" gráficamente los mensajes, bien sea con imágenes, o coloreando las letras, o haciendo cambios tipográficos de forma y tamaño.

El adorno gráfico de los mensajes es un recurso que muchos remitentes disfrutan, porque sienten que es una manera de agregar cierto grado de emoción a sus comunicaciones escritas. Pero la relatividad del beneficio está dada por las potenciales sensaciones y percepciones de los destinatarios, quienes suelen quejarse porque en muchos casos afectan negativamente la lectura e interfieren en la comprensión de los mensajes.

Hay remitentes que hacen combinaciones de letras y colores que producen serias dificultades para que sus mensajes sean leídos. En otros casos, las imágenes utilizadas tienen tanto movimiento que cuando estamos leyendo el e-mail nos perturban y hacen que nos cueste más de lo habitual concentrarnos en lo que estamos leyendo. Hay remitentes que agregan dibujos que ellos consideran atractivos, pero que muchos destinatarios perciben como muy infantiles o poco serios y sienten que estos elementos le restan importancia, formalidad y atención al mensaje.

Como usted pudo ver en la primera parte de este libro titulada "Breve referencia histórica", en 1979 surgieron los "emoticones" como un reconocimiento de la necesidad de *añadir algo de emoción* a los correos electrónicos y un reflejo de la limitada capacidad que sentimos quienes no tenemos la debida preparación para transmitir suficientes emociones a través de la escritura, sin "adornos gráficos", como lo hacen los narradores de novelas y cuentos.

Pero muchas veces son insuficientes, ya que los componentes más importantes de la comunicación interpersonal son de naturaleza paralingüística o no-verbal, como veremos en la segunda parte de este libro.

A manera de síntesis, quiero subrayar que los beneficios que he reseñado hasta ahora son suficientemente contundentes como para que el e-mail se haya convertido en un recurso esencial de comunicación dentro y fuera de las empresas. Es decir, los efectos positivos del correo electrónico son en su mayoría satisfactorios frente a una importante cantidad de necesidades de comunicación.

Sin embargo, el aumento vertiginoso y creciente del volumen de mensajes escritos con los que debemos enfrentarnos diariamente ha estado poniendo de relieve una serie de efectos colaterales y características secundarias, de tal impacto negativo en ciertos casos, que los beneficios se ven disminuidos severamente.

En este sentido, si nos anticipamos a estos efectos negativos, comprendiendo mejor en qué consisten y cómo se producen, podremos incrementar significativamente la calidad de las comunicaciones escritas vía e-mail, tanto con los clientes como con nuestros colegas de trabajo.

Efectos negativos

En 1999, me comenzó a llamar la atención que ciertos mensajes escritos, con clientes, proveedores o compañeros de trabajo, siempre requerían explicaciones o aclaratorias verbales, a pesar de que el e-mail tuviera la información completa y estuviera suficientemente bien escrito.

En la misma época, también comencé a notar que habían ciertas "discusiones" a través de correos electrónicos que no finalizaban satisfactoriamente hasta que se daba una conversación cara-a-cara entre los involucrados.

Pero, fue en el año 2004 cuando vi con absoluta nitidez los primeros efectos negativos, mientras asesoraba sobre calidad de atención al cliente (externo e interno) a una empresa de servicios tecnológicos.

A pesar de que eran ingenieros especializados, con una excelente formación académica e insdicutibles competencias técnicas, tenían grandes dificultades para escribir ciertos e-mails a los clientes que después no necesitaran "aclaratorias" a través de una conversación telefónica o cara-a-cara.

En ciertos casos críticos o complejos, relacionados con los servicios que recibían los clientes de esta empresa, su credibilidad y la confianza sólo quedaba satisfecha después de una comunicación verbal y no de un mensaje escrito, aunque esto no lo manifestaran de manera explícita los clientes.

Pude ver que la situación se repetía una y otra vez, durante varios meses y con diferentes tipos de clientes con los que estaba trabajando. Después confirmé el mismo patrón con otras empresas diferentes a quienes tuve la oportunidad de asesorar.

Aunque tuvieran una buena formación técnica, a casi todas las personas les costaba mucho darse cuenta y aceptar que, en ciertos casos, el e-mail no era el medio de comunicación más adecuado para obtener credibilidad y confianza. Era el recurso más cómodo para ellos, pero no el más eficiente con los clientes.

Ellos disfrutaban del hecho de poder escribir el mensaje cuando podían y no de manera inmediata, y no tenían que oir y/o ver al cliente mientras afrontaban una situación delicada de servicio. Aunque paradójicamente sabían que más temprano o más tarde tendrían que darle la cara al cliente.

Muchos pensaban que sólo necesitaban mejorar sus habilidades de redacción, algo que era cierto. Pero éste no era el principal ajuste que debía hacerse, sino que ninguno de aquellos excelentes profesionales llegaba a considerar que en ciertas condiciones, en la relación con los clientes, el e-mail no era el medio más apropiado de comunicación.

"¿Por qué no logro mis objetivos con el e-mail?"

Durante el primer semestre de 2006, tuve otra especial experiencia de trabajo con una empresa muy grande e importante en su ramo, que dio origen a la idea del presente libro. La gente del departamento administrativo estaba muy frustrada en el uso del correo electrónico. Sus responsabilidades incluían enviar mensajes corporativos de vital importancia para los empleados, pero aún así el porcentaje de respuestas que recibían era muy inferior a la esperada.

Uno de los casos que más llamó mi atención fue los e-mails que enviaban a ciertos ejecutivos solicitándoles la relación de gastos de representación. Aún después de varios mensajes "recordatorios", las respuestas rápidas que recibían de los destinatarios era impresionantemente baja. "¿Cómo era posible que los destinatarios casi no respondían, si les estábamos escribiendo para pagarles?", me plateaban con legítima desesperación.

Otro caso curioso era el de los mensajes corporativos que la misma gente del departamento de administración enviaba a los empleados de diferentes áreas para informarles sobre cambios que ocurrían en las normas y procesos que afectaban la gestión de sus departamentos y el desempeño de ellos como individuos. ¿Por qué muchos de esos mensajes parecían ser ignorados, si eran fundamentales para sus destinatarios? ¿Por qué si los mensajes contenían toda la información, suficientemente bien escrita, muchos eran mal interpretados, o no eran leídos completamente, o en muchos casos, los empleados sólo comprendían el asunto después de comunicarse verbalmente con el departamento administrativo?

Éstas son sólo algunas de las preguntas planteadas por los miembros del equipo de administración y que después noté que se repetían en casi todos los demás departamentos, cuyas respuestas no resultaban obvias.

Entrevistando directamente a los empleados pude encontrar que una de las raíces de la falta de respuestas o comprensión generalizada tenía que ver con el gran volumen de mensajes diarios que debían gerenciar, de clientes y provedores en unos casos, y de compañeros de la misma empresa (en todos los casos).

Aunque hoy en día resulta difícil conseguir a un profesional que no se sienta agobiado por el gran número de correos electrónicos que tiene que manejar cotidianamente en su trabajo, resulta más interesante el hecho de que el abuso que nosotros mismos hacemos del e-mail es el origen de ese volumen que nos agobia.

La sobrecarga de trabajo que cada día implica la gerencia del e-mail está influyendo cada vez más en la cantidad y calidad de lo que leemos y, en consecuencia, en la calidad de la comprensión de los mensajes y la calidad de los procesos de comunicación escrita que forman parte de las relaciones laborales.

Seguramente nos puede ayudar a cuantificar la situación un estudio realizado en el Reino Unido, dentro de una empresa con 2.859 usuarios de e-mail, a quienes se les envió un cuestionario en el cual se recogían sus percepciones sobre cómo se utilizaba este recurso dentro de la empresa, y las deficiencias que consideraban de los contenidos de los mismos.

Sobre los correos electrónicos que recibían los empleados, 16% eran copiados innecesariamente, y 13% eran irrelevantes y/o sin pertinencia. Es decir, que el 29% de los mensajes recibidos no tenían ningún valor para sus destinatarios. En otras palabras, se podría decir que el 30% del tiempo que se dedicaba a la lectura de e-mails se perdía.

A este valor hay que agregar dos datos más significativos: Los empleados dijeron que sólo el 45% de los e-mails que reciben son fáciles de leer, y el 56% piensa que el correo electrónico se sobreutiliza, cuando ha debido utilizarse el teléfono o una comunicación cara-a-cara.

Adicionalmente, entre las respuestas obtenidas en el estudio hay dos aspectos igualmente interesantes:

- Sólo el 41 % de los e-mails recibidos tenían un propósito informativo. El resto contenían discusiones, aclaratorias o información cualitativa más difícil de procesar.

- De los e-mails que implicaban una acción por parte del destinatario, sólo el 46 % lo indicaba con claridad. El resto son mensajes con instrucciones generales, vagas, y sin precisiones específicas y detalladas.

Desde una perspectiva más amplia, de estos datos se puede decir que el 50% de los e-mails que los trabajadores de esta empresa gerencia cada día, son ineficientes desde el punto de vista comunicacional.

¿Le resulta familiar estas cifras? Trabajando sobre este aspecto específico desde el año 2004, con distintos tipos y tamaños de empresas, he observado porcentajes muy similares, sin diferencias entre niveles de empleados, aunque con un número mucho menor de trabajadores como muestra estadística.

Llama la atención la coincidencia con las deficiencias observadas en una investigación realizada en Alemania en el año 2005, por el "Fraunhofer Institute for Software and Systems Engineering" (ISST), con empleados de diferentes niveles jerárquicos de una empresa que tenían varios años de experiencia utilizando e-mail y que envían y recíben diariamente entre 10 y 30 mensajes escritos.

Según este estudio, titulado "Quality improvement of e-mail communication in work groups and organizations by reflection", las deficiencias cualitativas más frecuentes que deben enfrentar los destinatarios para gerenciar el volumen de e-mails recibidos son:

- Recíben múltiples e-mails con la misma información, o similar, a través de diferentes vías.

- Cuando reciben mensajes incompletos o mal redactados significa que en términos inmediatos van a recibir más mensajes sobre lo mismo, para completar la información o aclararla.

- En algunos de los correos electrónicos recibidos es difícil identificar a cual actividad específica o trabajo corresponden.

- Recepción de e-mails de remitentes desconocidos.

- Recepción de e-mails en los que no está claro cuál es el propósito del remitente.

- Mensajes incompletos que requieren verificación telefónica.

- Mensajes en los que es difícil determinar la importancia y/o la urgencia.

Otras deficiencias de fondo y forma

En el estudio antes reseñado, los destinatarios mencionaron otras deficiencias que contienen algunos correos electrónicos, y que también he podido observar en diversas empresas venezolanas, donde hemos realizado asesorías de comunicación y mercadeo estratégico.

Por supuesto, estos defectos también inciden negativamente en la actitud del destinatario para leer el correo electrónico, lo que a su vez determina cuánta atención e interés le presta, cuánto comprende del mensaje y cuánta motivación siente para responder:

- Cuando la respuesta recibida no es fácil de entender o reconocer, porque el contenido no va directamente al grano, o la información no es precisa.

- Cuando el título del e-mail es indistinto o muy genérico; lo que hace difícil identificarlo y dar seguimiento a los mensajes relacionados.

- Cuando el título es muy genérico o la información del mensaje muy amplia y resulta difícil archivar los e-mails.

- Cuando hay demasiada información de diferente índole en el mismo correo electrónico su lectura, comprensión y respuesta resulta más compleja.

- Cuando el contenido es muy extenso para ser leído, especialmente si son muchos los e-mails por atender (paradójicamente los mensajes más largos suelen ser irrelevantes).

- Cuando el archivo anexo (o "attachment") anunciado no está, o es demasiado pesado (obstaculizando la recepeción de otros mensajes más importantes).

- Cuando no se puede identificar quién es la persona remitente del mensaje. Bien porque el nombre del remitente es una entidad o departamento, o porque no aparece el nombre propio de la persona sino sólo su dirección de e-mail.

- Cuando el mensaje no fue firmado por quien lo escribió. Podría ser que está incompleto o que el remitente no quiere asumir plenamente la responsabilidad de lo que escribió.

- Cuando los nombres de los otros destinatarios a quien le envía copia del mensaje tampoco se pueden ver.

- Cuando el contenido no fue escrito correctamente y contiene demasiados errores ortográficos.

- Cuando el primer párrafo no contiene la idea principal.

- Cuando contienen elementos gráficos innecesarios, sólo de adorno, o que molestan la lectura.

Esta lista de percepciones refleja el alto grado de sensibilidad que tenemos las personas cuando somos destinatarios de un correo electrónico, frente a "detalles" que al mismo tiempo pueden parecernos poco importantes cuando los escribimos.

¿Cuánta consciencia tenemos de cómo usamos el e-mail?

En los seminarios y conferencias que dicto sobre la optimización del uso del correo electrónico, hago un ejercicio muy simple con los participantes, del que siempre he obtenido resultados similares. Primero les pregunto "¿Cuáles son los aspectos que más les gusta del correo electrónico?", y la mayoría de las respuesta las he recopilado al principio del primer capítulo de este libro, en la sección titulada "Beneficios del correo electrónico".

Aunque el orden puede alterarse un poco en cada oportunidad, las audiencias con las que he compartido este ejercicio invariablemente me dan respuestas como las siguientes:

1. "Me gusta poder enviar un mensaje a diferentes personas al mismo tiempo".

2. "Me gusta poder enviar tantos mensajes como quiero, sin que me cueste más".

3. "Me gusta que puedo responder los mensajes cuando quiera".

4. "Me gusta poder enviar documentos anexos".

5. "Me gusta que el e-mail deje un registro y un respaldo formal de las comunicaciones".

Ahora bien, el ejercicio se vuelve particularmente interesante cuando después le pregunto a la audiencia "¿Y cuáles son los aspectos que les disgustan del e-mail?", porque sus respuestas prácticamente están intimamente relacionadas con lo que también consideran que son sus beneficios.

Por ejemplo, como remitentes nos gusta poder enviar un mismo mensaje a muchos destinatarios al mismo tiempo, pero no nos damos cuenta que éste es precisamente parte del origen de los e-mails que llamamos "cadenas" y que tanto nos molestan.

Igual nos encanta poder enviar tantos mensajes electrónicos como queremos, lo que en buena medida también tiene que ver con parte de la raíz de los "correos basura" o "correos spam", que tantos dolores de cabeza nos están produciendo.

Cada día hay más profesionales que se siente agobiados por el gran número de e-mails que deben atender en el trabajo, pero tenemos poca consciencia de que el abuso que nosotros mismos hacemos del correo electrónico en gran medida genera el volumen que nos agobia.

También disfrutamos mucho la posibilidad del correo electrónico de poder responder cuando queremos, pero al mismo tiempo nos disgusta que nuestros destinatarios no nos respondan a la velocidad que nosotros deseamos.

Igual nos gusta tener la posibilidad de enviar documentos anexos en un e-mail, como fotos y películas (a veces extremadamente pesados), pero muchas veces nos disgusta cuando nos envían a nosotros esos tipos de mensajes.

Lo mismo ocurre con el registro escrito que dejan los correos electrónicos. Nos gusta usarlos como documento formal de respaldo en ciertos momentos, pero llegamos a molestarnos cuando recibimos ciertos mensajes de compañeros de trabajo que sentimos que fueron concebidos simplemente para "cubrirse la espalda", y nos molestamos aún más cuando de esos e-mails se incluyen copias a los jefes.

Según estos ejemplos, parece que tenemos poca consciencia sobre los efectos negativos del correo electrónico que son producto de nuestros propios actos abusivos de este medio. Es muy probable que la facilidad para "disparar" mensajes electrónicos nos produzca la sensación de que la comunicación escrita es más informal y efectiva que la comunicación cara-a-cara o por telefóno.

¿Acaso esto no tiene que ver también con el hecho de utilizar el e-mail en ciertos casos en donde era mejor una conversación directa?

En el año 2004, la empresa Xerox entrevistó a 500 de sus gerentes en todo el Reino Unido, y más de la mitad admitió que recibían demasiados e-mails sobre asuntos que podían ser resueltos de manera más productiva con una llamada telefónica o una conversación cara-a-cara.

¿Por qué decimos cosas por escrito que no diríamos cara-a-cara?

A la poca consciencia que tenemos sobre el impacto que nosotros mismos podemos producir enviando e-mails "a diestra y siniestra", vale la pena agregar un aspecto del cual sí estamos conscientes. Podemos decir cosas por escrito que no diríamos cara-a-cara, y éste es otro de los beneficios del correo electrónico que contribuye significativamente a que recibamos más mensajes escritos de los que muchas veces podemos procesar.

La suerte de "anonimato presencial" que hay en un e-mail, especialmente cuando de relaciones laborales se trata, es una poderosa excusa detrás de la cual nos protegemos para transmitir mensajes "delicados" y/o "complejos", especialmente si sospechamos que al destinatario le van a desagradar.

Es comprensible que aprovechemos la comodidad que nos brinda el e-mail para que no tengamos que enfrentar las reacciones de los compañeros de trabajo a quienes vamos a transmitir mensajes que a veces no son gratos dar o no son fáciles, porque están rodeados de emociones fuertes o pueden generarlas. Por ejemplo los reclamos, las evaluaciones, las exigencias extraordinarias, las negociaciones, los cambios drásticos, o las llamadas de atención disciplinaria, entre otras cosas.

El correo electrónico permite que nos desinhibamos a la hora de comunicarnos en el trabajo. Pero decir las cosas "sin tapujos" no significa que nos comuniquemos mejor o que digamos lo que realmente queremos decir. De hecho, desinhibirnos puede hacer que olvidemos las sutilezas necesarias en ciertos mensajes, como lo comentan los profesores Connel y Mendelson en su trabajo "Effects of Communication Medium on Interpersonal Perceptions".

Es necesario que tomemos en cuenta que esto también tiene efectos colaterales en los equipos de trabajo. Para temas muy sensibles, si no se tiene una comunicación cara-a-cara o telefónica, la confianza y la credibilidad entre los miembros del equipo tiende a debilitarse, porque el destinatario siente que el e-mail ha sido utilizado como un arma. Lo que a su vez influye negativamente en la frecuencia y la calidad de las comunicaciones cotidianas.

El correo electrónico es una herramienta fabulosa para pasar información de forma rápida, barata y fácil y probablemente utilicemos estos argumentos para manejar la presión del tiempo laboral y justificar el envío de mensajes escritos, cuando pudimos haber conversado personal o telefónicamente. Resulta muy fácil que esa rapidez o comodidad generen significativos costos adicionales en el proceso de construcción de las relaciones personales en el trabajo. En este sentido podemos aplicar el viejo refrán "lo barato sale caro".

Según un informe publicado por la empresa Cisco Systems en septiembre de 2006, titulado "Psicología de las comunicaciones empresariales efectivas en equipos de trabajo geográficamente dispersos", el uso indiscriminado de medios impersonales para comunicarse puede causar problemas en equipos de trabajo. Los usuarios de e-mails *pueden tardar más de 4 veces* en intercambiar el mismo número de mensajes que cuando se comunican cara-a-cara.

Además de que estos mensajes contribuyen a aumentar la sobrecarga de trabajo por el volumen de e-mails que debemos atender, sus destinatarios tienden a hacer una lectura adicional: "¿No soy lo suficientemente importante como para que me comuniquen esto de manera personal? ¿Cuánto realmente me valoran en esta compañía si no se pueden comunicar conmigo de forma más directa?".

Ciertas nociones sobre la "informalidad"

Es muy probable que la facilidad de enviar e-mails también nos produzca la sensación de que este medio contiene cierto grado de "informalidad", lo cual nos hace sentir que es un atributo que "aligera" el peso de los mensajes emocionalmente más complejos. Inclusive, hay quienes creen que "la frialdad" de los mensajes más "fuertes" ayuda a que el destinatario los procese mejor, ya que puede analizar su contenido "sin pensar que se trata de algo personal". Pero los resultados señalan todo lo contrario.

Los negocios y las empresas están constituidas por las personas, y las relaciones entre ellas son un asunto esencialmente personal. El conocimiento, las redes, el profesionalismo, la competitividad y la atención al cliente, entre otras conductas, son una consecuencia de la decisión y la voluntad personal de cada quien. La incomprensión de esta condición en la economía contemporánea no permite ver cuáles son las mejoras que hacen falta en los procesos de comunicación interpersonal dentro de las empresas y organizaciones.

Un determinado e-mail puede verse como algo informal e inofensivo, pero básicamente es un documento, y como tal tiene todo el potencial de convertirse en un documento público.

Quizás no pensamos en esto cada vez que escribimos un correo electrónico, pero este conocimiento está en nuestro inconsciente y es el que a veces aflora cuando nos sorprendemos a nosotros mismos frente a la computadora pensando "¿Este no será un mensaje demasiado fuerte?", ó "¿Cómo se tomarán estas palabras?"

Casi nunca lo dicho verbalmente, cara-a-cara o por teléfono, queda plasmado en un soporte formal de trabajo, pero lo que se escribe sí, siempre. Éste es un riesgo potencial que influye incisivamente en la manera como leemos lo que nos escriben. Por eso es que el contenido de ciertos e-mails pueden llegar a "retumbar" frente a nuestros ojos, mientras que las palabras dichas "se las lleva el viento", como dice la gente.

Producto de una decepción o una frustración, podemos llegar a agredir verbalmente a un compañero de trabajo o algún cliente. Sin embargo, casi siempre con el tiempo las heridas que pudieron causar nuestros palabras denigrantes pueden ser sanadas por el olvido. Pero con los insultos escritos a través de un correo electrónico nuestra reacción emocional es completamente diferente.

En una ofensa que se envía en un e-mail las palabras parecieran pesar mucho más y sus significados se magnifican. Esto se explica en parte porque tenemos oportunidad de leer el mensaje tantas veces como queremos. En consecuencia, nuestras heridas emocionales se reabren con cada lectura y hacen que especulemos más sobre las "oscuras intenciones" de quien nos escribió.

¿Acaso esto no explica en buena medida la poca efectividad que tienen las discusiones a través de correos electrónicos?

Hay un refrán que dice "somos dueños de lo que callamos y esclavos de lo que decimos", pero considerando los diversos riesgos potenciales de un e-mail que se ha escrito con cierta e ingenua "informalidad", habría que decir que "somos dueños de lo que decimos y esclavos eternos de lo que escribimos".

Escribir como hablamos no produce los mismos resultados

Otra manifestación del grado de informalidad con el que manejamos el correo electrónico es la tendencia a escribir mensajes de la misma forma en que sentimos que hablamos. Como resultado, muchos de nuestros e-mails son difíciles de leer.

Cuando hablamos no utilizamos signos de puntuación, sino pausas y énfasis en nuestro tono, velocidad y volumen de voz, que hacen la misma función. Separamos y contextualizamos las ideas que queremos transmitir con comunicación no verbal, acompañando cada palabra con mensajes que transmitimos con los gestos de la cara, las manos, nuestra postura corporal, o el tono, el ritmo, las inflexiones y el volumen de la voz.

Antes de que se masificara el correo electrónico, las comunicaciones escritas en las empresas se consideraban con mucha seriedad y formalidad y había clara consciencia de que las cartas, los "memos" y otros mensajes corporativos no debían escribirse con el mismo estilo que el autor tiene al hablar.

No significa que hoy no se vean con seriedad las comunicaciones escritas corporativas, sino que la formalidad de las mismas ha estado enfrentando la sensación de informalidad que produce la facilidad de enviar e-mails y se tiende a olvidar que escribirlos de la forma en que hablamos no tienen el mismo efecto.

Parte de la informalidad con la que se usa el e-mail está relacionada con el hecho de que es una herramienta tan cotidiana que nos parece innecesario desarrollar destrezas específicas de comunicación escrita, y terminamos por pensar que es suficiente escribir como hablamos.

Vale la pena recordar que la sociedad contemporánea no promueve mucho las debidas competencias y los hábitos propios de una buena comunicación escrita. Por el contrario, el ***analfabetismo funcional*** es uno de los grandes retos sociales de la modernidad.

El concepto de analfabetismo ha cambiado mucho en las últimas décadas. En 1958 la Unesco definía como analfabeto a la persona que no sabía leer o escribir algo simple. Pero los analfabetas funcionales son personas con dificultades para entender ideas y conceptos escritos por otros, así como para comunicar en forma asertiva y estructurada los suyos propios. Los analfabetas funcionales saben leer y escribir, pero usan poco o casi nada esa habilidad.

Aparte de carreras como Comunicación Social y Literatura, son muy pocos los estudios universitarios que ponen especial énfasis en una sólida formación sobre la comunicación escrita. La nuestra es más una sociedad de "habladores" que de "escritores". No estábamos ni estamos preparados para el "tsunami laboral" que ha generado el correo electrónico. Simplemente el e-mail nos tomó por asalto y sus indiscutibles beneficios nos han estado llevando a una serie de nuevos retos que ponen en riesgo la eficiencia del recurso.

Con estas consideraciones hasta resulta comprensible que muchos de los e-mails que recibimos a diario resulten difíciles de leer y entender.

Es necesario que pensemos más en estos factores que inciden en la efectividad laboral del correo electrónico. Del otro lado de la línea no hay un sistema, ni una computadora, sino una persona; un compañero de trabajo o un cliente, con quienes tenemos una relación que necesita comunicación clara y confiable para nutrirse.

Igualmente, es necesario que estemos más conscientes del impacto económico que puede llegar a tener la ineficiencia de ciertos correos electrónicos.

Costo de la lectura de los e-mails en las empresas

En función de poder establecer parámetros con los cuales medir la productividad relacionada con el correo electrónico, parece que es indispensable establecer los costos asociados al medio. Aunque esta tarea no parece nada fácil, tomando en cuenta que cada empresa tiene sus propias inversiones, de acuerdo a sus características específicas.

Los profesores Jackson, Burguess y Edwards, de la Universidad de Loughborough, en el Reino Unido, utilizaron un método para determinar el costo de la lectura de los e-mails, que fue aplicado en una empresa inglesa con 2.850 usuarios de esta herramienta de trabajo.

Su objetivo era medir los beneficios financieros que se podían obtener al desarrollar dentro de la empresa un programa de entrenamiento sobre el uso del correo electrónico, y su método es una referencia que puede ser utilizada en cualquier empresa.

Gracias a un detallado cuestionario pudieron establecer que los empleados de esta empresa recibían en promedio *23 e-mails diarios* estrictamente relacionados con el trabajo, y en promedio les tomaba *76 segundos leer cada mensaje*. En otras palabras, en average cada empleado gastaba *29 minutos diarios* leyendo correos electrónicos. Lo que a su vez nos permite inferir que en este caso no se trataba de una empresa de usuarios intensivos de este medio.

Previamente, Jackson junto a otros profesores habían establecido en el 2001 que había un tiempo promedio de recuperación de la interrupción que implicaba la lectura del e-mail. Por ejemplo, si estamos trabajando en nuestro escritorio y somos interrumpidos por la alarma automática que nos avisa que hemos recibido un e-mail, después de leerlo nos toma cierto tiempo volver a "retomar el hilo" de lo que estábamos haciendo. O si el e-mail supone que busquemos información o contactemos a otra persona, produce un efecto similar.

En su interesante investigación, titulada "The cost of email interruption", Jackson y sus colegas encontraron que el tiempo promedio de recuperación de la interrupción alrededor del correo electrónico era **64 segundos**.

Con estos datos, para calcular el costo del tiempo de lectura diaria del e-mail, desarrollaron la siguiente ecuación:

ERD x (T1 + T2) x SD x NE

Donde:

- **ERD** es la cantidad de E-mails Recibidos Diariamente, sin incluir correos basura o correos que no tienen que ver con el trabajo.

- **T1** es el Tiempo Promedio de Lectura de cada mensaje, que en este caso se determinó que era 76 segundos.

- **T2** es el Tiempo Promedio de Recuperación de la Interrupción, que como dijimos antes era 64 segundos.

- **SD** es el promedio del Salario Diario de los empleados de la empresa, en términos de minutos.

- **NE** es el Número de Empleados que en la empresa utilizan e-mail.

Al aplicar esta ecuación en la empresa que fue sujeto del estudio de Jackson, Burguess y Edwards, con 2.850 usuarios de e-mail, se pudo determinar que el costo al año del tiempo de lectura era **9.8 millones de libras británicas**, o 19.4 millones de US$ (al cambio de 1 Libra = US$ 1.9815).

Hay que subrayar que este costo sólo corresponde al tiempo de la lectura de los correos electrónicos y no incluye otros costos igualmente importantes, como lo son el tiempo de escritura, el de hardware y software básico, el de seguridad, o los de mantenimiento y soporte técnico.

Si nos detenemos por un momento a pensar que el costo promedio del tiempo de lectura del e-mail puede ser 6.800 US dólares por empleado, no debemos tener dudas de que el correo electrónico en la actualidad tiene un alto impacto financiero en cualquier empresa. Lo que significa que la esencia del significado del correo electrónico en el trabajo va mucho más allá de la visión tradicional tecnológica y redaccional que se tiene sobre el medio.

Por supuesto, en este caso estamos hablando de los costos de una empresa inglesa, en donde los salarios no tienen que ver con los salarios de la gente en América Latina o cualquier otra parte del mundo. Pero las referencias planteadas si tienen validez práctica inmediata para evaluar su empresa.

Por ejemplo, en este caso estamos hablando de una empresa inglesa en donde cada empleado en promedio invierte al día 29 minutos para leer correos electrónicos laborales. Pero ese tiempo puede ser sustancialmente mayor en empresas de servicios de consumo masivo, que involucran el uso intensivo de la tecnología, como lo son las empresas de software, telecomunicaciones, finanzas, bancos, seguros, salud, servicios públicos, etc.

Un aprendizaje crucial sobre este caso

Como ya he comentado, uno de los objetivos del estudio que acabamos de ver era establecer cuánto ahorro financiero se podía lograr después de desarrollar dentro de la empresa un programa de *sensibilización y entrenamiento* sobre el uso corporativo del correo electrónico, y los resultados fueron significativos.

Después de que los empleados participaron en un proceso de aprendizaje sobre mejores prácticas en el uso del e-mail, la empresa obtuvo *8% de ahorro* en el costo del tiempo de lectura del e-mail, lo que significaba casi millón y medio de dólares al año.

Parte de las oportunidades para comenzar a obtener importantes ahorros en los costos del e-mail están dadas por la reducción de los tiempos improductivos que se emplean actualmente en su lectura. Por ejemplo, en el caso citado el 29% de los e-mails recibidos no tienen ningún valor para sus destinatarios, bien porque son copiados innecesariamente o su contenido no es pertinente. Este tiempo representa *5.6 millones de dólares al año que podrían ahorrarse*.

Recordemos también que los empleados dijeron que sólo el 45% de los e-mails que recibían eran fáciles de leer, y el 56% piensa que se utilizó correo electrónico en casos en que era más productivo una conversación telefónica o cara-a-cara. Así que, si se mejoran estos aspectos, los ahorros financieros pueden aumentar mucho más.

Ejemplo de estimación de costos de la lectura de e-mails

En Cograf Comunicaciones tuvimos la afortunada oportunidad de aplicar la ecuación mencionada antes en una empresa financicra con operaciones en Venezuela y otros países latinoamericanos, a quienes brindamos una asesoría sobre el tema y encontramos que las referencias de la ecuación son aplicables en nuestras latitudes.

En esta empresa trabajan 480 personas y cada una de ellas recibe en promedio 40 correos electrónicos al día (casi el doble de los e-mails que reciben los empleados de la empresa inglesa que citamos arriba).

Estos 40 mensajes diarios son correos válidos, relacionados con el trabajo y no incluyen correos basura o "spam", que son filtrados por sus sistemas informáticos de seguridad.

En este caso, el tiempo promedio de lectura de cada e-mail y el tiempo promedio de recuperación de la interrupción lo redondeamos en 120 segundos (20 segundos menos que el tiempo estimado en la empresa inglesa arriba reseñada).

En otras palabras, cada empleado de esta empresa en promedio invierte 1 hora y 20 minutos de su tiempo diario para leer el correo electrónico.

Después de hacer el ejercicio de estimar el costo promedio del minuto de salario de todos los empleados, establecieron que era medio dólar por persona. Lo que aplicado al tiempo antes mencionado nos permite decir que en esta empresa el costo del tiempo de lectura de cada e-mail por empleado es de 1 US dólar.

Si aplicamos la ecuación (ERD x (T1 + T2) x SD x NE) para calcular el costo anual del tiempo de lectura diaria del e-mail en esta empresa, obtenemos que:

- Número de E-mails Recibidos Diariamente Promedio x Persona (ERD): 40.

- Tiempo Promedio de Lectura de cada mensaje y Tiempo Promedio de Recuperación de la Interrupción aplicado (T1 + T2): 2 Minutos.

- Costo promedio del minuto salarial en esta empresa (SD): US$ 0.50.

- Número de empleados (NE): 480.

- Base de 250 días laborales al año.

Estos datos nos permiten estimar que el costo anual del tiempo que se invierte en esta empresa para leer los correos electrónicos laborales que manejan es 4.8 millones de dólares al año, y podrían ahorrar por lo menos medio milón de dólares anuales si mejoraran sus hábitos corporativos de comunicación escrita.

¿Cómo estimar los costos de lectura del e-mail en su empresa?

En función de tener una base tangible que sea punto de partida para estimar este costo del tiempo de lectura del e-mail en su empresa (sin que importe si es grande o pequeña o si tiene muchos o pocos empleados), usted también puede utilizar esta ecuación. Sólo necesita:

- Establecer el promedio de correos electrónicos laborales válidos que leen sus empleados diariamente.

- Establecer el costo promedio del minuto salarial de todos los empleados que utilizan e-mail.

Multiplique estos dos valores entre sí, y el resultado lo multiplica por 2, que son los minutos correspondientes al tiempo promedio de lectura de cada mensaje y al tiempo de recuperación de la interrupción.

El resultado anterior después debe multiplicarlo por el número de empleados y por la base de 250 días laborales al año. El total le dará una idea aproximada de cuánto es el costo del tiempo que se gasta en su empresa leyendo los correos electrónicos relacionados con el trabajo.

¿Y el costo de la escritura?

Hasta ahora sólo hemos visto una manera de calcular los costos relacionados con el tiempo que se invierte para leer los correos electrónicos. Sin embargo, estimar cuánto tiempo promedio invierte el empleado de una empresa en escribir un mensaje escrito es mucho más difícil, porque las variables son más complejas.

Los requerimientos para dar una respuesta escrita son muy diversos. Algunos e-mails quizás sean sumamente fáciles de responder, pero otros necesitan mucha más elaboración o información que debe ser suministrada por otras personas. Todo depende de la complejidad del tema que se esté abordando.

En las observaciones que hemos realizado en diferentes tipos de empresas hemos notado que ecríbimos muchos menos correos electrónicos de los que leemos. Es comprensible que así sea, si hacemos las siguientes consideraciones:

- Muchos de los e-mails que recibimos son para informarnos y no necesitan ser respondidos.

- Muchos otros correos electrónicos sólo ameritan una respuesta muy breve, independientemente de que su contenido pueda ser extenso.

- No son muchas las personas que en las empresas tienen destacadas destrezas de comunicación escrita, por lo que la mayoría tiende a escribir con significativa brevedad.

- Otros mensajes simplemente los ignoramos, bien sea porque no tenemos suficiente tiempo para atenderlos o inferimos que el remitente nos llamará por teléfono para plantearnos lo mismo o lo conversaremos cara-a-cara.

En este sentido, hemos observado que en promedio las personas en las empresas escriben entre 3 y 4 veces menos correos electrónicos relacionados con el trabajo de los que leen.

Si usamos como ejemplo el caso de la empresa mencionada antes, en la que cada empleado recibe en promedio 40 e-mails válidos al día, podríamos decir que en promedio ese mismo empleado sólo escribe entre 10 y 15 mensajes al día.

Sin embargo, también hemos notado que podemos tardar 3 ó 4 veces más en escribir un mensaje que en leerlo. Por lo que podemos decir que el tiempo de escritura de los correos electrónicos es similar al tiempo de lectura, lo que hace que su costo también pueda considerarse como igual.

Aplicando este criterio a la empresa de 2.850 empleados antes reseñada, en donde el tiempo de la lectura tiene un costo anual de 19.4 millones de dólares, el costo del tiempo de escritura debe estar en el orden de otros 19.4 millones de dólares.

En el caso de la empresa financiera que también mencionamos antes, en donde trabajan 480 personas, y cuyo costo anual del tiempo de lectura del e-mail es de 4.8 millones de dólares, su costo total de lectura y escritura debe ser aproximadamente de 9.6 millones de dólares al año.

Recordemos que en este caso se determinó que cada empleado en promedio debe estar invirtiendo 1 hora y 20 minutos diarios para leer e-mails. Lo que significa que también deben estar utilizando 1 hora y 20 minutos adicionales en escribirlos. Es decir, ellos invierten el 30% de la jornada laboral diaria en leer y escribir correos electrónicos.

Cifras similares surgieron en una encuesta realizada por los profesores Dabbish, Kraut, Fussell y Kiesler, del Carnegie Mellon University, realizada entre diversos individuos de toda la comunidad universitaria. Del promedio de los mensajes diarios recibidos, sólo 35% necesitaban ser respondidos. Una evidencia más de que el esfuerzo para escribir e-mails está alrededor de un tercio del tiempo que le dedicamos para manejarlo.

No estoy diciendo que éstas sean cifras que se pueden extrapolar automáticamente a todas las empresas. Pero sí creo que son una pertinente referencia que se puede utilizar para sensibilizar de manera oportuna a las empresas sobre la inversión de tiempo que están haciendo en los aspectos más básicos del manejo del correo electrónico, como lo son su lectura y escritura.

¿Cuántas veces no hemos dicho en los últimos años que el e-mail cada vez nos quita más tiempo de trabajo? Pues bien, acabo de darle una referencia cuantitativa que le permite tener una dimensión tangible de lo que en realidad está significando este recurso en su empresa.

Y si de productividad y rentabilidad de negocio se trata, también debemos recordar que estos costos no incluyen rubros que vamos a ver a continuación.

Otros costos "ocultos"

Otro aprendizaje importante que he tenido con este tema y que me toca refrescar todos los días, es lo poco conscientes que somos de los costos involucrados en un e-mail.

Es tán fácil "disparar" tantos mensajes como queremos, con o sin archivos anexos, que inconscientemente llegamos a sentir que no cuesta nada (seguramente somos mucho más sensibles al costo de una llamada telefónica internacional).

Además, hay otros factores que ayudan a incrementar la sensación de gratuidad del e-mail. Por ejemplo, en los últimos 10 años hemos aumentado más de 1.000 veces la capacidad de almacenaje del disco duro de nuestras computadoras y del espacio disponible para nuestros buzones de correo electrónico, al tiempo que ha disminuido sustancialmente el costo de este espacio, tendencia que continúa de manera sostenida.

Acabamos de ver unas referencias sencillas que nos permiten estimar el costo del tiempo relacionado con la lectura y la escritura de los e-mails, pero hay otros costos que no están incluidos y cuyo volumen depende estrictamente de las características específicas de cada empresa:

- Costos del hardware y el software básico: Su computadora, su conexión a Internet, sus programas de navegación y sus programas de manejo del correo electrónico.

- Costos básicos de seguridad: ¿Usa programas anti-spam en su computadora? ¿Qué medidas personales toma para proteger su correo electrónico y la seguridad de sus recursos informáticos?

- Costos corporativos de las redes informáticas dentro de las empresas, tanto de equipos como de programas. Por ejemplo, el cableado estructurado, los equipos "ruteadores", modems, servidores, etc.

- Costos de mantenimiento y soporte técnico para que las computadoras de las empresas, sus redes, su conexión a Internet y sus correos electrónicos funcionen día a día.

- Costos por el registro del dominio de su empresa, que le permite tener un e-mail del tipo sunombre@suempresa.com, y por el servicio de hospedaje de sus buzones de correo electrónico.

Esta resumida lista permite tener una visión más amplia sobre todos los recursos que se deben invertir para poder enviar y recibir correos electrónicos, lo que debería ayudarnos a ser más conscientes del potencial abuso de este medio.

Costos por ineficiencia en el manejo del tiempo

Adicionalmente hay que agregar a la lista de los costos relacionados con el correo electrónico el tiempo adicional que invertimos en ciertas ocasiones.

Por ejemplo, inmediatamente después de enviar un e-mail muchas veces llamamos por teléfono al destinatario para avisarle que le acabamos de enviar un e-mail. Este esfuerzo puede representar la duplicación del tiempo que se utilizó para escribir el e-mail, especialmente si debemos llamar varias veces para ubicar al destinatario.

En otras oportunidades, escribimos un e-mail y no sólo llamamos al destinatario para avisarle, sino que además le explicamos lo mismo que decimos en el mensaje, o damos una explicación adicional, con lo que pudiera interpretarse que no hemos sabido comunicarnos eficientemente por escrito.

En este caso, el tiempo involucrado en la gerencia práctica de un mensaje puede ser el triple o más:

1. Tiempo para escribir el mensaje.

2. Tiempo para llamar por teléfono al destinatario para avisarle que le enviamos un e-mail.

3. Tiempo para explicar telefónicamente el mensaje escrito.

Con esta cantidad de retrabajo se hace aún más difícil establecer cuánto puede llegar a costar el uso del e-mail. Pero lo que sí podemos decir ahora es que tener que llamar por teléfono para avisar y explicar un correo electrónico es un reconocimiento de la ineficiencia de este medio en ciertas circunstancias.

¿Para qué enviar un e-mail si sabemos que será más efectivo explicar el mensaje verbalmente?

A lo mejor en este momento usted es de las personas que responda a esta pregunta diciendo que este tipo de correo electrónico tiene sentido porque deja una constancia escrita de un proceso específico de comunicación. Si este es el caso, yo comparto plenamente su respuesta.

Sin embargo, pensando en términos de eficiencia y productividad en el uso del tiempo, vale la pena reflexionar sobre lo siguiente: *Si el objetivo es dejar una constancia, el contenido del e-mail sería redactado con un enfoque diferente y de manera más fácil*. Ahorraríamos el tiempo que puede tomar las complejas explicaciones escritas.

En otras palabras, la efectividad comunicacional muchas veces depende de no posponer las acciones debidas en cualquiera de las fases del proceso.

SEGUNDA PARTE:
Cuando somos remitentes

Responsabilidades de los remitentes

Según hemos visto en la primera parte de este libro, las dificultades de productividad relacionadas con el e-mail tienen que ver con:

1. La impresionante cantidad creciente de mensajes que recibimos o enviamos diariamente en el trabajo.

2. El uso inapropiado del medio por la poca pertinencia comunicacional que tiene para ciertos propósitos y en ciertos momentos.

3. Por la calidad del contenido redaccional de los mensajes.

En los tres casos, la ineficiencia se traduce en que debemos invertir más tiempo y recursos para gerenciar el correo electrónico, mientras dejamos de hacer otras actividades del trabajo, o disminuimos la calidad de nuestro desempeño, o no cumplimos con los objetivos que tenemos trazados.

Adicionalmente, en los tres casos la responsabilidad que tenemos todos cuando somos remitentes de mensajes es crucial. Como remitentes, **iniciamos el proceso de comunicación y establecemos las pautas primarias del mismo**, en términos de precisión informativa, tono y estilo.

Igualmente, cuando decidimos responder un mensaje y cambiamos la función de destinatario a remitente, nos volvemos responsables de la continuidad y el rumbo que puede tomar la comunicación, que quizás era más apropiada a través de otro medio.

La mayoría de las mejoras planteadas para que el e-mail sea un medio gerenciado de manera más eficiente están en nuestras manos, en cada momento en que somos remitentes, dependiendo del grado de sensibilidad y consciencia que asumamos sobre el impacto que pueden tener los mensajes que enviamos.

Como remitentes somos los principales responsables de la fluidez de la comunicación y con ello influimos en forma positiva o negativa en el ambiente de trabajo, y en las relaciones con nuestros compañeros, clientes o proveedores.

Como dicen los profesores Ducheneaut y Belloti, el e-mail se ha convertido en un "hábitat electrónico" y somos los remitentes quienes podemos cuidarlo para que sea más vivible, o podemos contaminarlo y deteriorarlo con cantidades indiscriminadas de mensajes improductivos.

En otras palabras, mejorar nuestras competencias como remitentes nos permitiría avanzar mucho más allá de la mitad del camino para mejorar los efectos del correo electrónico en el trabajo.

La gente siente que la cantidad de correos electrónicos que debe gerenciar diariamente es mayor a la que puede manejar y procesar eficientemente. Y muchos de esos mensajes los generamos nosotros mismos, cuando somos remitentes.

En su trabajo "Email Overload at Work", Dabbish y Kraut dejan claro que el alto volumen de e-mails cada vez más es percibido en el trabajo como algo que está fuera de control, que genera una gran sobrecarga y estrés. O lo que el destacado endocrinólogo venezolano Dr. Pablo Liendo Chapellín, ya en 1997 denominó ingeniosamente como "Diabetes Informaticus", para referirse al **trastorno** humano caracterizado por la saturación de la capacidad máxima de transformar los datos recibidos en información útil para la acción.

Parece oportuno que para mejorar nuestro desempeño como remitentes, usted y yo nos preguntemos de qué manera y con cuántos mensajes contribuimos a que se desarrolle ese trastorno, y qué podemos hacer para disminuirlo sustancialmente o curarlo.

Determinamos la calidad de los contenidos

¿Podemos medir la calidad o la eficiencia con la que cumplimos nuestra función de remitentes?. La respuesta es un enfático sí, y gracias a la tecnología misma puede llegar a ser relativamente sencillo implementar un sistema de medición y seguimiento.

Los principales objetivos del remitente al enviar un mensaje electrónico en un contexto laboral pueden agruparse en las siguientes *7 categorías*:

1. Solicitar al destinatario una acción específica (responder, confirmar, buscar y enviar, llamar por teléfono, visitar, contactar, etc.).

2. Solicitar información de cualquier índole (un link, un teléfono, una dirección, etc.)

3. Solicitar un documento (un archivo Word, una imagen, etc.).

4. Informar al destinatario sobre el estado en el que se encuentra un proyecto o una tarea determinada.

5. Solicitar o "agendar" una reunión, u otra instancia de comunicación con el destinatario (Ej. Llamada telefónica, teleconferencia), o una respuesta a la solicitud de la reunión o su confirmación.

6. Recordar al destinatario una reunión, un evento, una actividad o el compromiso con una fecha de entrega.

7. Enviar un saludo de carácter social-personal o corporativo, o un agradecimiento.

Además de que en muchas oportunidades como remitentes podemos querer varios de estos objetivos con el mismo mensaje, el logro de estos objetivos puede ser medido de manera directa o indirecta.

De hecho, si solicitamos información a través de un e-mail muy importante para nosotros y no recibimos ninguna respuesta, solemos llamar por teléfono para asegurarnos de que el destinatario esté al tanto y nos responda. ¿Esto no es acaso una manera de reconocer que el e-mail que enviamos no cumplió con su objetivo, o que potencialmente podía fallar?

Si invitamos a una reunión de trabajo a través de un e-mail y los invitados no asisten, es evidente que los objetivos de comunicación de ese correo electrónico no fueron logrados. Por eso, muchos de nuestros mensajes escritos están acompañados de llamadas telefónicas de "seguimiento", que en algunos casos se convierten en una especie de cacería.

Quizás le parezca demasiado simple, pero resulta poderosamente útil hacer un cálculo semanal o quincenal de la efectividad de sus mensajes electrónicos, de acuerdo a las categorías anteriores. Los resultados pueden indicarle pistas importantes sobre el logro de sus objetivos, qué está haciendo bien y qué podría mejorar en sus e-mails.

Calidad es la manera de influir en el destinatario

Siempre estamos influyendo en las percepciones de los destinatarios de nuestros e-mails, con la calidad de nuestros mensajes, la cual se refleja a través de los diferentes aspectos que conforman un correo electrónico.

En diversas investigaciones y en nuestras propias observaciones con los clientes a quienes asesoramos se observa que más del 50% de los mensajes electrónicos que no cumplen con sus objetivos de comunicación y que son percibidos negativamente por el destinatario, se caracterizan por:

1. No son claros en la acción que requieren del destinatario. A veces por ambigüedad o mala redacción. Es bueno que estemos pendientes de saber si nuestros mensajes son concretos y van al grano, o si son suficientemente explícitos.

2. Generan malas interpretaciones y aumentan la tensión en el ambiente laboral. No es un buen síntoma si con frecuencia nos vemos aclarando mensajes escritos con otros mensajes escritos o si tenemos que aclarar los mensajes de otros.

3. Producen instrucciones incorrectas, con importantes implicaciones negativas para la organización y el trabajo. Debemos evaluar continuamente si nuestros mensajes son claramente comprendidos por sus destinatarios.

4. Sobreutilizan la función "cc" (de "Copia Carbón"), lo que ocasiona que a ciertos destinatarios les lleguen más mensajes por procesar de los necesarios. Un ejemplo son los mensajes de confirmación que respondemos a una lista, innecesariamente "con copia a todos", o muchos de los que enviamos para "cubrir nuestra espalda".

5. Son utilizados para protegerse de una comunicación más directa, telefónica o cara-a-cara. Como medio no presencial, muchos nos desinhibimos con el e-mail, pero debemos tomar medidas si con frecuencia nos vemos aclarando verbalmente lo que hemos escrito.

6. El mismo remitente envía demasiados mensajes en un día a los mismos destinatarios. Si nos vemos en la necesidad de enviar muchos "recordatorios", debemos revisar la calidad de nuestros mensajes iniciales, u otros factores relacionados con la funcionalidad de nuestros equipos de trabajo.

7. Son difíciles de categorizar y archivar para hacerles seguimiento. Mientras más difícil sea clasificar y procesar nuestros mensajes, menos vamos a lograr nuestros objetivos de comunicación.

Para influir positivamente en la percepción de los destinatarios sobre nuestros mensajes y sobre nosotros mismos, permanentemente necesitamos recordar que vivimos en un proceso ininterrumpido de cultivo de confianza y credibilidad, tanto con nuestros equipos de trabajo como con los clientes y proveedores.

La calidad integral de nuestros e-mails se traduce en que nuestros destinatarios nos lean, nos comprendan y respondan oportunamente a nuestras solicitudes.

Por supuesto, la imagen que tienen los destinatarios sobre nosotros como personas y profesionales también incide en la efectividad de nuestros correos electrónicos.

¿Qué posicionamiento tenemos como remitentes?

El concepto de "posicionamiento", acuñado por los célebres especialistas del mercadeo Jack Trout y Al Ries, puede ayudarnos a ver otras oportunidades de mejoras que tenemos como remitentes de e-mails.

Normalmente hablamos de posicionamiento para referirnos a productos o empresas. "¿Qué opina la gente de tal o cual producto, o de esta o aquella empresa?", son preguntas que nos hacemos en mercadeo para buscar comprender lo que sienten los clientes y consumidores de un producto, o el público en general, sobre una compañía o una institución.

El posicionamiento refleja de manera condensada las diferentes percepciones y opiniones que nos formamos las personas en el proceso de interactuar en el tiempo con bienes, servicios y organizaciones, seamos o no consumidores o usuarios de los mismos. Es decir, en un período determinado nos formamos una opinión sobre productos o empresas, bien sea por las diferentes experiencias directas con ellos, o a través de las opiniones de otras personas sobre sus propias experiencias.

El posicionamiento que se forma en nuestras mentes sobre un producto o una empresa a su vez se traduce en expresiones que contienen términos que también utilizamos para describir a las personas. En este sentido, cuando nos preguntan sobre una determinada marca podemos decir que nos parece moderna, o pasada de moda; amistosa o distante; confiable o poco creíble.

Dicho de otra manera, podemos comparar el posicionamiento con lo que conocemos como reputación. Por lo tanto, es un concepto aplicable a las personas y profesionales.

Entonces, ¿cuál es el posicionamiento o la reputación que nos formamos de una persona que nos envía muchos mensajes al día, o de la persona que nunca nos responde? ¿Qué terminamos opinando de los compañeros cuyos mensajes nos cuesta entender, o que nos envían mensajes muy extensos, o siempre nos envían e-mails del tipo "cadena"?

Desde el punto de vista de la función de remitente, la calidad de la atención que reciben nuestros correos electrónicos y la actitud de nuestros destinatarios al leerlos, en buena medida son valores determinados por el posicionamiento que cultivamos como profesionales y como usuarios del e-mail.

Nuestro posicionamiento como remitentes determina nuestro capital de credibilidad, confianza y capacidad para generar respuestas positivas a nuestras solicitudes. La calidad de nuestros mensajes escritos incrementan o debilitan ese capital.

Al igual que con productos, servicios, empresas o instituciones, la gente es más proclive a responder positivamente a las personas que las hacen sentir mejor a través del correo electrónico, gracias a las satisfactorias y productivas experiencias de intercambio de información.

Haga un ejercicio muy sencillo: Piense en las personas que le envían los mejores e-mails que usted recibe, y escriba una lista de las palabras con las cuales usted las describiría como profesionales. Después, haga el mismo ejercicio, pero pensando en las personas que le envían mensajes sobre los que usted tiene una opinión negativa.

Vea las dos listas de palabras con detenimiento y tome en cuenta que hay personas que deben tener palabras similares que reflejan el posicionamiento que usted tiene en la mente de ellas.

Cuidado con las "etiquetas"

De la misma manera que como destinatarios nos formamos una opinión de la gente que nos envían e-mails, igual como remitentes nos formamos una opinión de las personas a las que le escribimos. Y a veces, ese posicionamiento puede convertirse en una "etiqueta" que sesga nuestros mensajes.

Si le escribimos a un compañero de trabajo de quien tenemos la etiqueta "fulano nunca responde los e-mails", es muy probable que terminemos enviándole mensajes muy escuetos, que en alguna medida reflejan poco entusiasmo o poca credibilidad. En casos así es fácil terminar pensando que no vale la pena poner demasiado esfuerzo en cuidar el mensaje, porque de cualquier modo no nos van a responder.

También nos termina ocurriendo algo similar cuando le escribimos a personas que casi siempre nos llaman para aclarar algo de los mensajes que le enviamos. Acabamos por escribirles con desgano, y poco a poco vamos perdiendo la confianza en ellas para entendernos.

Las etiquetas son un fenómeno psicológico que pueden llegar a afectar tanto nuestro juicio, que hasta las etiquetas positivas llegan a influirnos negativamente. Por ejemplo, si tenemos etiquetado a un destinatario como alguien que "siempre responde rápido", llegamos a sentir mucha ansiedad el día que no recibimos respuesta según nuestras expectativas.

Como parte de las asesorías que en Cograf brindamos sobre este tema, le he preguntado a muchos profesionales con los que he trabajado cuáles son las mayores inquietudes que siente justo en el momento de enviar un correo electrónico, y no dejan de sorprenderme las respuestas.

Por ejemplo, muchos me dicen que les preocupa si el destinatario ya habrá leído el e-mail cuando apenas han pasado muy pocos segundos de haberlo enviado. Esto puede significar que ciertos remitentes no consideran, inconscientemente, que sus destinatarios pueden estar haciendo muchas otras cosas en ese momento.

En otros casos, mis entrevistados me responden que les inquieta no saber si sus destinatarios entendieron todo el mensaje o si captaron la urgencia del mismo. Lo que casi siempre se traduce en retrabajo, porque el remitente invierte tiempo adicional en llamar por teléfono al destinatario para evaluar lo que comprendió.

En situaciones así, por más ansiedad que tenga el remitente, le sugiero que debe tener cuidado, porque en ciertas circunstancias la llamada telefónica puede ser tomada por el destinatario como una presión desmedida e impertinente, o que indirectamente le están diciendo que es incompetente para gerenciar el e-mail.

Es preferible terner más humildad y la mente más abierta en el momento en el que nuestros destinatarios nos responden (por escrito o telefónicamente) solicitándonos una mejor explicación. Es el mejor momento para identificar lo que podemos mejorar de nuestras comunicaciones escritas.

En cualquier caso, es recomendable estar muy pendientes de si nuestro juicio está sesgado por etiquetas que tenemos del destinatario. Porque si le escribimos con desconfianza en sus capacidades o buena intención, son muy altas las probabilidades de que el tono y estilo de nuestro mensaje escrito refleje de una u otra forma los prejuicios que sentimos por el destinatario.

También podría ocurrir que el contenido del mensaje predisponga el estado de ánimo del destinatario, de manera tal que no facilite su respuesta a la brevedad. El uso indiscriminado de ciertas palabras emocionalmente negativas, de manera inevitable ejercen una influencia en la reacción del lector frente al mensaje y en su comportamiento posterior.

Así lo demuestran algunos "experimentos de predisposición" citados por Malcom Gladwell en su libro "Inteligencia Intuitiva". En ellos no sólo se puede ver los efectos en la conducta de las palabras escritas, sino también que hasta puede ser saludable cierta predisposición positiva al escribir, porque esta puede crear un marco emocional que favorece la aseritivdad en la comunicación. De lo contrario, lo que se produce es un círculo vicioso de mensajes inadecuados y malas interpretaciones.

Claves no-verbales de la comunicación interpersonal

Si deseamos mejorar la efectividad de los correos electrónicos, es necesario comprender más la dinámica de la Comunicación Mediada a través de la Computadora (CMC). Ésta se basa en algunos de los aspectos que conforman la comunicación cara-a-cara, o en inglés "Face to Face" (FTF), la cual está compuesta por las palabras, la voz, el tono y otras claves no-verbales o "para-lingüísticas".

Por su parte, la comunicación no-verbal existe desde los inicios de la especie humana, mucho antes de la evolución del lenguaje y también se le conoce como lenguaje gestual y corporal, el cual es fundamental para poder transmitir y reconocer *afinidad*.

Aunque Charles Darwin sugirió la posibilidad de que los humanos en todos los contextos culturales, tienen elementos de expresión que les son comunes y destacó la importancia de la comunicación y de la expresión en la supervivencia biológica, no fue sino hasta 1950 que comenzaron las investigaciones más especializadas en esta área.

Algunos años más tarde, Albert Mehrabian, Profesor Emeritus de Psicología de la Universidad de California (UCLA), demostró que nuestro cuerpo comunica mucho más que nuestras palabras.

En uno de sus numerosos libros, "Silent messages: Implicit communication of emotions and attitudes", publicado por primera vez en 1971, Mehrabian describe la importancia que tienen los diferentes componentes de la comunicación no-verbal:

• La posición del cuerpo y sus movimientos.

• Las expresiones faciales.

• La calidad, la entonación, el volumen y la velocidad de la voz.

• Los diferentes estilos y maneras individuales de comunicación.

Mehrabian y otros investigadores concluyen de sus estudios que en la comunicación FTF de sentimientos y actitudes, y los mensajes asociados, sólo el 7% es verbal, 38% es vocal y 55% es visual. Es decir, 93% de la comunicación interpersonal, cara-a-cara, es no-verbal.

En otras palabras, en la comunicación cara-a-cara, si se desea transmitir o reconocer afinidad con una persona a la que le estamos hablando, lo que decimos es menos importante que el cómo lo decimos. Lo cual explica claramente que las mismas palabras dichas de manera diferente tengan significados igualmente distintos.

Exigencias de los mensajes escritos

Las referencias del lenguaje corporal son fundamentales para poder comprender las bases de la efectividad de la "comunicación mediada" a través del correo electrónico y los retos para transmitir afinidad y empatía por escrito.

La ausencia de claves no-verbales y físicas en la comunicación escrita dificulta sustancialmente que el destinatario reciba información clave del remitente, relacionada con sus emociones y actitudes. Esto determina la percepción y la interpretación final del mensaje escrito.

Por supuesto, cuando nos comunicamos por e-mail con personas que conocemos, el proceso es diferente que con desconocidos. El conocimiento previo de nuestros destinatarios y remitentes nos brinda más información contextual sobre su personalidad, afinidades, estilos de comunicación e intenciones. Como consecuencia, el intercambio de e-mails tiene un marco social y relacional que facilita la comprensión y efectividad en la comunicación.

Sin embargo, no son pocos los casos de mala interpretación, confusión e incomprensión de mensajes escritos entre personas que se conocen bien. Inclusive, gente que se aprecia puede fácilmente juzgar mal la intención implícita de un mensaje escrito.

Pero, la gente puede llegar a adaptarse al medio y hacerlo eficiente. Hay expresiones socio-emocionales y relacionales que no dependen solamente de claves no-verbales de comunicación. Por eso mucha gente en muchos casos puede aprovechar de manera muy eficiente el e-mail como canal. Ellos logran adaptar su lenguaje y su estilo verbal a las exigencias de la comunicación escrita, de acuerdo con sus propósitos, como lo señalan investigaciones en las Universidades de Cornell y Stanford, publicadas en el 2005 por los profesores Walther, Loh y Granka.

Uno de los objetivos de su investigación fue explorar cómo los usuarios de la comunicación mediada por la computadora empleaban comportamientos de comunicación verbal para lograr niveles de *relación, entendimiento y afinidad* comparables a los que se logran cara-a-cara a través de múltiples claves verbales y no-verbales.

Por ejemplo, cuando en un e-mail tratamos a nuestro destinatario como "usted", le damos a la comunicación un tono de formalidad que para el lector se traduce en un comportamiento verbal relacional que significa respeto y sobre el cual se genera cierto grado de afinidad.

Ahora bien, en términos de cómo la gente expresa simpatía, agrado, gusto y afecto, la afinidad se construye principalmente en el marco de un *proceso de interacción social*, e incluye condiciones fundamentales como el compromiso, la inmediatez, la atención y las dimensiones afectivas de la actitud orientada hacia la comunicación. En otras palabras, la afinidad constituye la base sobre la cual la comunicación fluye cuando es eficiente y logra producir entendimiento.

En este sentido, parte del estudio de los profesores Walther, Loh y Granka explora cuáles son las claves no-verbales y verbales que inciden en la construcción de la afinidad. Para ello utilizaron un sistema con el que codificaron los diferentes comportamientos analizados en los participantes de la investigación, algunos de los cuales están presentados en la siguiente página.

Sin duda alguna, si las personas hacen un esfuerzo especial en sus comunicaciones escritas, se puede construir y nutrir suficiente confianza y un amplio marco contextual para que los e-mails transmitan la afinidad necesaria para ser efectivos, como de hecho ocurre en la mayoría de las comunicaciones entre profesionales que se relacionan principalmente vía correo electrónico.

Pero para que esto ocurra, los remitentes debemos mantenernos cultivando constantemente la confianza y la credibilidad con nuestros interlocutores y entrenando nuestras habilidades de redacción de manera tal que podamos compensar por escrito los componentes no-verbales de la comunicación interpersonal.

En este sentido resultan interesantes algunos de los resultados del estudio titulado "Detecting Unusual Email Communication", basado en 289.695 correos electrónicos que sirvieron de evidencia en el juicio por fraude contra directivos de la empresa Enron.

Después de analizar los patrones de repetición de ciertas palabras en los e-mails, los profesores Keila y Skillicorn de la Escuela de Computación de la Universidad de Queen plantean que los mensajes engañosos perpetrados a través de las comunicaciones escritas en Enron se caracterizan por:

- Poca frecuencia en el uso de los pronombres en primera persona (Yo, mi, mío, nosotros, etc.)

- Mucha frecuencia de uso de palabras excluyentes (pero, excepto, sin embargo, objeción, defecto, etc.)

- Presencia de muchas palabras que transmiten emociones negativas (odio, rabia, molestia, decepción, etc.)

- Exceso en el uso de ciertos verbos de acción (apúrate, busca, trae, lleva, etc.)

De la experiencia de este estudio Keila y Skillicorn consideran que

**Algunos de los códigos de la comunicación cara-a-cara
no perceptibles en la comunicación escrita.**

CÓDIGOS GESTUALES

Orientación del cuerpo
Orientación facial
Mirada esquiva o directa
Gestos constantes
Rostro complacido
Animación facial
Sonrisa y risa (ninguna/frecuente)
Rostro consternado
Asintiendo con la cabeza
Movimientos de brazos y piernas
Cualquier movimiento de la cabeza
Compostura nerviosa o tranquila
Tensión en el rostro

Rigidez y soltura
Interés
Personalidad abierta o cerrada
Inclinación del cuerpo
Tocarse
Tocar objetos
Cualquier movimiento
de los brazos
Movimientos coordinados
Mirar al piso y a los pies
Mirar alrededor
Doblar los brazos
Voltear los ojos

CÓDIGOS VOCALES

Ruidoso (bajo/fuerte)
Nítido (suave/fuerte)
Tempo (lento/rápido)
Variaciones de tono
Articulación (confuso/claro)
Fluidez
Ritmo (aturdido/con ritmo)
Felicidad
Calidez
Amabilidad
Tono (alto/bajo)

Timbre
Pausado
Tensión
Receptividad
Interés
Paciencia
Cooperación
Condescendencia
Interrupciones
Silencio entre los oradores
Pausas durante el discurso

CÓDIGOS VERBALES

Respuesta irreverente
Monólogo
Idea denigrante
Cambio de tema
Insulto
Reto de credibilidad
Exigir pruebas
Expresión de duda
Breve descalificación
Sarcasmo
Lenguaje personal
Cumplido hacia un atributo
Expresar miseria o disfrute
Uso del humor
Preguntar opinión

Lenguaje positivo/negativo
Afecto explícito
Elogio personal explícito
Intención negativa explícita
Desacuerdo directo o indirecto
Acuerdo simple, directo o fuerte
Afirmación monosilábica
Elogio + desacuerdo indirecto
Preguntas cerradas o abiertas
Ambigüedad
Elogiarse o denigrarse
Preguntas retóricas
Contradicciones
Apatía
Rehusarse a responder

se puede aprender mucho de la cultura y el ambiente laboral de una empresa, a través del análisis del contenido de los e-mail de sus empleados. Recomiendan que las organizaciones necesitan estar más conscientes de lo que sus trabajadores hacen con el correo electrónico, como un asunto gerencial de primera prioridad. No sólo pudieran estar botando recursos o actuando como zombies frente al PC.

Competencias para comunicarnos por escrito

Con la fuerza con la que el correo electrónico ha irrumpido en nuestras vidas, hemos asumido de manera inconsciente que saber escribir es automáticamente saber redactar bien, y que ello es suficiente para informar y comunicarnos por escrito eficientemente.

Esto, a su vez, nos ha llevado a considerar que si escribimos como hablamos nos entenderán. Y es lógico que así sea; la mayoría de las veces la gente nos entiende cuando hablamos personalmente.

Sin embargo, como ya hemos visto, puede ser más difícil dominar la comunicación escrita que la cara-a-cara, porque debemos compensar con redacción los diferentes mensajes no-verbales que normalmente transmitimos en la comunicación cara-a-cara (que cuando se trata de transmisión de afinidad representan el 93% del mensaje).

Una prueba de la limitada capacidad que podemos tener para comunicarnos eficientemente por escrito está en la pérdida de tiempo que se experimenta en las empresas diariamente por discusiones estériles con correos electrónicos entre empleados, sobre aspectos que pudieron resolverse en un par de minutos con una llamada telefónica.

Necesitamos tener más consciencia de que la sociedad contemporánea no privilegia de manera especial la buena comunicación escrita. Las razones son muchas y muy complejas, pero vale la pena destacar 3 aspectos.

Primero, la lectura y la escritura tienen competidores muy fuertes en el universo audiovisual del cine, la TV y la radio. Aunque la lectura tiene el maravilloso poder de estimular la imaginación, casi siempre debemos hacer mucho más esfuerzo para comprender un mensaje escrito que el que recibimos a través de otros medios.

Segundo, en muy pocas carreras universitarias se pone énfasis en la formación de competencias avanzadas de redacción. Literatura o Comunicación Social no suelen considerarse como carreras "científicas", por lo cual se puede llegar a malinterpretar la importancia de la redacción eficiente y lo que significa tener efectividad para comunicarnos por escrito.

Tercero, la explosión de la telefonía celular a finales del siglo 20 y el creciente uso de todos los recursos telecomunicacionales, han estado cambiando ciertos hábitos sociales de comunicación. Por ejemplo, la gente se escribe menos cartas que antes y escribe más mensajes cortos a través del celular, los cuales son un mundo aparte en cuanto a redacción se refieren.

Era común que en las empresas las cartas fueran escritas por las secretarias o asistentes administrativas, un personal que tenía entrenamiento para ello y le daba un estilo protocolar a las comunicaciones de negocio que los ejecutivos le dictaban. De pronto, con el e-mail, todos o la mayoría del personal de las empresas se convirtió en vocero y generador de innumerables mensajes corporativos escritos. ¿En su empresa hay suficiente preparación para esta nueva realidad?

Quizás podamos responder parte de esta pregunta con el informe de la empresa Cisco ya citado ("Psicología de las comunicaciones empresariales efectivas en equipos de trabajo geográficamente dispersos"), en el cual se indica que los usuarios de e-mails pueden tardar hasta 4 veces más abordando un tema por escrito que por teléfono o cara-a-cara.

En otras palabras, tenemos la oportunidad de estar más pendientes de las características de los e-mails que enviamos y que resultan más o menos efectivos. Así tendríamos más consciencia en la gerencia diaria de este recurso laboral, y podremos discernir mejor cuando es más apropiado usar el medio.

Nos sería de mucha utilidad recordar en cada momento que una de las razones por las cuales se malinterpretan más los mensajes escritos es que éstos resultan ser más ambiguos que la voz.

La comunicación escrita es más ambigua que la voz

Como base, existe un 50% de probabilidades de que no interpretemos correctamente un mensaje escrito con sarcasmo o seriedad, según las investigaciones realizadas por los profesores Nicholas Epleya y Justin Kruger de las Universidades de Harvard e Illinois respectivamente.

En su interesante estudio publicado en el 2004 en la revista de psicología social de la Universidad de Illinois, estos profesores demostraron que lo que uno escribe en un correo electrónico no siempre es lo que nuestros destinatarios leen, y éste es precisamente uno de los orígenes de muchas de las estériles discusiones escritas que hoy ocurren dentro de las empresas.

Epleya y Kruger hicieron que 30 pares de estudiantes universitarios intercambiaran correos electrónicos sobre tópicos cotidianos del día a día de sus estudios y le pidieron a los remitentes que asumieran un tono serio o sarcástico para cada mensaje.

Los remitentes pensaban que el 80% de las veces sus destinatarios interpretarían correctamente *el tono del mensaje*, pero en realidad sólo ocurrió en el 50% de los casos.

Los destinatarios por su parte, pensaban que el 90% de las veces habían interpretado correctamente el tono del e-mail, cuando en realidad sólo acertaron con la mitad de los mensajes.

Epleya y Kruger indican que es comprensible que pensemos que el tono y las emociones en nuestros e-mails sean obvias y claras para nuestros destinatarios. Esto se debe a que cuando estamos escribiendo *en nuestra mente "escuchamos" el tono y la intención* de lo que buscamos transmitir. En consecuencia nos convencemos de que el destinatario va a captar fácilmente nuestro tono en el mensaje.

Usted puede comprobar esto con una prueba muy sencilla: Interprete la melodía de una canción conocida, golpeándola en una mesa con los nudillos de su mano, y pídale a alguien que trate de adivinar el nombre de la melodía. Mientras usted la toca, en su mente escuchará con claridad las variaciones melódicas de la canción. Sin embargo, su interlocutor sólo oirá una secuencia de golpes unísonos, con cierto ritmo, pero le resultará muy difícil identificar las variantes tónicas.

Algo similar nos ocurre cuando estamos en el papel de destinatarios, leyendo un e-mail. Mientras vemos las palabras en el monitor vamos imaginando y especulando el tono y la intención de la persona que nos envió el mensaje. Pero lo que ocurre en realidad es que inconscientemente interpretamos los correos electrónicos que recibimos basados en nuestro estado de ánimo del momento, en nuestros estereotipos y en nuestras expectativas.

Como conclusión, hay que decir que es muy fácil malinterpretar el contenido de un correo electrónico, especialmente todos los aspectos subjetivos y emocionales.

Las razones del riesgo de malinterpretación al leer mensajes escritos son esencialmente dos:

1. Es muy difícil que un e-mail contenga las claves no-verbales o paralingüísticas de la comunicación oral, que nos permiten diferenciar un mensaje serio de uno sarcástico. En otras palabras, la comunicación escrita es mucho más ambigua que la voz.

2. Por nuestra condición humana, nos cuesta mucho desprendernos de nuestro egocentrismo para asumir y comprender la perspectiva de la persona que nos envía un e-mail. Esto se traduce en que tendemos a leer con nuestros propios prejuicios.

Los riesgos de ser malinterpretados

Si la mitad de las veces los destinatarios de un correo electrónico no logran distinguir entre un sarcasmo y un mensaje serio, entonces hay que reconocer que el riesgo de que ciertos mensajes escritos sean malinterpretados es muy alto.

Los profesores Epleya y Kruger señalan que el e-mail es un medio especialmente efectivo para comunicar contenidos e información simple, pero no para transmitir el "material emocional" que caracteriza las discusiones y aclaratorias escritas.

Probablemente podemos comprender mejor la magnitud de las posibilidades de que nuestros mensajes escritos sean malinterpretados, al tomar en cuenta las diferentes formas de la ironía, señaladas por el profesor Jeffrey Hancock (Universidad de Cornell) en su trabajo "Verbal Irony Use in Face-To-Face and Computer-Mediated Conversations":

- El sarcasmo, cuando decimos lo opuesto a lo que realmente queremos decir, para transmitir un sentimiento o una actitud negativa.

- El eufemismo o "indirectas", cuando hacemos comentarios exageradamente modestos, o conscientemente decimos menos de lo pertinente.

- La hipérbole, cuando aumentamos o disminuimos aquello de lo que estamos hablando, o exageramos una situación.

- Las preguntas retóricas, que hacemos para expresar un estado de ánimo y no esperamos respuestas.

Además de encontrar que uno demora 4 veces más en escribir un mensaje que si lo dijera verbalmente, Hancok halló que cuando nos comunicamos por escrito, inconscientemente podemos llegar a utilizar más expresiones irónicas que cuando hablamos cara-a-cara (76% vs. 51%). Un resultado similar al que después encontraron Epleya y Kruguer en su estudio ya citado. Como **nos "escuchamos" al escribir**, de manera inconsciente asumimos que nuestros destinatarios captarán el mismo tono que sentimos en nuestros pensamientos.

Con la intención de hacer una sencilla demostración de las posibilidades de interpretación, en mis asesorías y conferencias presento una lámina con el siguiente mensaje: "Alberto, no trabajes tanto". Y después le pregunto a la audiencia si piensa que se trata de un mensaje serio o irónico. Invariablemente, más o menos la mitad responde que puede ser una opción y la otra mitad la otra.

Por otro lado, hay quienes no demoran en responderme "depende", refiriéndose a los diferentes aspectos del contexto, como las personalidades del remitente o del destinatario y la relación entre los mismos. Y tienen razón. Como dije antes, nuestra interpretación de los mensajes también tiene que ver con el posicionamiento que tenemos de la persona con la que interactuamos.

Sin embargo, aunque conozcamos a nuestro destinatario, existe un 50% de probabilidades de que él no diferencie una ironía de un mensaje serio, porque él nos leerá sesgado con su estado de ánimo del momento y también porque las claves con las que hemos aprendido a diferenciar un mensaje serio de uno irónico son no-verbales.

Estos son otros ejemplos de mensajes comunes en correos electrónicos en los que puede resultar difícil diferenciar si son serios o irónicos:

"José, te invito a reflexionar".

"Te quiero ayudar pero, lamentablemente, no puedo".

"Tenemos un grave problema con un cliente".

"Se les recuerda que no deben dejar de asistir a esta reunión".

"Me he tomado la molestia de..."

"Me he tomado el trabajo de..."

"No me queda más remedio que..."

"Me veo obligado a..."

"No entendiste bien mi mensaje..."

"Lee mejor el e-mail que te envié"

Sería provechoso que usted hiciera su propia lista, en función de estimular una mayor consciencia de este riesgo.

El peso del egocentrismo en la comunicación

Es cierto que la mayoría de las personas se esfuerzan en utilizar el correo electrónico para "conectarse" positivamente con sus destinatarios y así cumplir de manera eficiente con su trabajo. Pero el estrés creciente en las actividades laborales diarias ejerce una enorme presión que no nos facilita ser efectivos comunicándonos por escrito.

Veamos por ejemplo las siguientes expresiones:

"Es urgente que esto lo sepan ahora mismo".

"Tengo que salir de este asunto de una vez por todas".

"Por si acaso… Voy a dejar esto por escrito".

"Otra vez tengo que repetir este e-mail… Qué fastidio".

"Igual no entenderán y llamarán… ¿O debo llamar yo?".

"Con este mensaje se van a molestar y me van a llamar".

Estos comentarios y pensamientos son inquietudes reales que siente la gente en su trabajo diario cuando están gerenciando el correo electrónico, y cuando le pregunto a mis audiencias qué tienen en común, casi nunca ven que también reflejan una postura esencialmente egocéntrica al enviar ciertos e-mail.

Lea las expresiones nuevamente y dese cuenta del "yoísmo" que contienen entre líneas, escondiendo sentimientos egocentristas.

Por ejemplo, cuando uno en el trabajo piensa que un e-mail es urgente para los destinatarios, en realidad se trata de una urgencia para uno mismo. Es decir, uno quiere "salir de ese asunto de una vez por todas", e inconscientemente cree que el trabajo ya quedó resuelto al instante de enviar el e-mail.

A menos que nos hayamos comprometido a enviar una respuesta en un plazo determinado, nuestros destinatarios no tienen ningún conocimiento de nuestras urgencias. Así que el agregarle la etiqueta de "Urgente" a un e-mail o poner "Urgente" en el título del mismo no significa que nuestro destinatario gerencie el mensaje de esa manera.

Además, si nuestro destinatario recibe muchos e-mails "Urgentes" de diferentes personas y de nosotros mismos, prácticamente la palabra "urgencia" pierde todo su sentido para los ojos y la percepción del destinatario.

De la misma manera producimos un efecto contraproducente cuando enviamos correos electrónicos para cubrir nuestra responsabilidad, o con el fastidio de tener que hacer un recordatorio, o consciente de la complejidad de un mensaje que ineludiblemente requerirá una conversación cara-a-cara.

Nuestro ego queda satisfecho al sentir que estamos "cumpliendo" con el trabajo cuando enviamos el e-mail, independientemente de que ese mensaje genere una discusión hostil o estéril, o que terminemos trabajando más de la cuenta.

Ésta es una de las raíces más importantes de los malos entendidos en la comunicación escrita a través del correo electrónico. Se trata del egocentrismo que nos dificulta desprendernos de nuestra propia perspectiva para reflexionar sobre cómo nuestros destinatarios podrían interpretarnos en un momento determinado y en ciertas circunstancias.

Como consecuencia del egocentrismo, sobrestimamos nuestra capacidad de transmitir por escrito la intención y el tono de nuestros mensajes, así como su pertinencia y propósito. Igualmente, de manera inconsciente terminamos preocupándonos más por "cumplir" con el trabajo que por la eficiencia con la que lo hacemos.

Por otro lado, pocas veces dudamos si nos estamos comunicando bien. Si ya los conocemos, damos por sentado que nuestros destinatarios nos interpretarán bien, porque asumimos que ellos tienen suficiente información sobre nuestras intenciones y motivaciones.

Igualmente, el egocentrismo se pone de manifiesto cuando somos destinatarios. A veces recibimos mensajes al que arbitrariamente le ponemos tonos, pensando que es la forma en la que nos están hablando, cuando en realidad sólo es la forma en que inconscientemente decidimos leer.

Así, terminamos imaginando que nos hacen un reclamo cuando en realidad se trataba de una pregunta directa, o pensamos que un mensaje es muy "seco" si no viene adornado con el afecto que a uno le gustaría recibir en ese momento.

Cuando conocemos físicamente al remitente nos resulta más fácil imaginarnos las expresiones que suponemos tendría al decirnos verbalmente lo que en ese momento estamos leyendo. Pero si sólo tenemos referencias de él por sus e-mails, también nuestra imaginación le asigna un rostro relacionado con los prejuicios con los que leemos e interpretamos sus mensajes.

Igual nos ocurre con las personas que sólo conocemos a través de conversaciones telefónicas. Pensamos por ejemplo que son serias o divertidas, altas o bajas, gordas o flacas, gracias a la arbitrariedad inconsciente de nuestra imaginación que nunca se separa de nosotros.

Tal es el peso del egocentrismo que aún sin conocer al remitente, cuando recibimos su primer e-mail (o en el caso de una primera llamada telefónica), instantáneamente nos formamos una imagen de la persona con la que interactuamos y de su personalidad. Esto nos permite especular sobre el tono y la intención de lo que leemos.

Es como si por instinto nuestro cerebro indispensablemente dependiera de una referencia facial y corporal para poder procesar lo que leemos, indistintamente de que esa referencia no sea clara y detallada.

Tendemos a subestimar el impacto de las palabras escritas

Como ya comenté más arriba, hay un viejo refrán que reza "somos amos de lo que callamos y esclavos de lo que decimos".

Pero si lo adaptamos al correo electrónico, podemos comprender mejor el impacto que pueden alcanzar nuestros e-mails: **Somos amos de lo que decimos verbalmente y esclavos de lo que escribimos**. Así queda demostrado en los diferentes efectos que produce una discusión verbal de trabajo y la misma discusión llevada a cabo a través de correos electrónicos. Aunque nos hayan hecho sentir mal en el momento, los mensajes verbales pueden olvidarse más fácilmente que los escritos.

Las palabras escritas quedan ahí, como labradas en lápidas. Parece que tuvieran resonancia, y encienden nuestros sentimientos con más fuerza que los mensajes verbales. Además, revivimos los sentimientos que nos producen cada vez que las volvemos a leer. Son archivos que nos recuerdan de lo que fuimos objeto y lo que nos hicieron sentir.

Esto nos permite ver con más claridad el por qué la mayoría de las discusiones laborales a través de e-mails se vuelven tan improductivas. Especialmente si buscamos transmitir por escrito emociones y mensajes que son difíciles de comunicar inclusive verbalmente.

Por ejemplo, si le hacemos un reclamo por escrito a un compañero de trabajo, es muy probable que la relación se resienta. El destinatario tiende a interpretar con más énfasis los sentimientos que especulativamente lee. Lo que lleva a que perciba como un grito lo que verbalmente habría sido una observación perfectamente tolerable.

Cuando he preguntado qué es lo que más le molesta de un llamado de atención laboral a través de un correo electrónico, la gente siempre responde: "Que el regaño haya sido escrito. ¿Por qué no vino hasta mi puesto o por qué no me llamó para hacerme el señalamiento?. ¿No tiene suficiente confianza en mí o yo no valgo lo suficiente como para que se comuniquen conmigo de manera directa?".

La comunicación es la herramienta para construir confianza en los equipos de trabajo, pero también puede destruirla. Nuestros mensajes, verbales o escritos, son los canales a través de los cuales interactúan los miembros de un equipo. Por lo tanto, es muy difícil que la gente fluya en su grupo de trabajo si se siente maltratada comunicacionalmente. O por el contrario, es predecible que la gente aporte el máximo de su esfuerzo si la comunicación con su equipo es productiva.

La comunicación y la atención son componentes indisolubles en la relación entre las personas. Sentimos que realmente nos estamos comunicando con alguien, cuando recibimos de esa persona su mayor calidad de atención y cuando nos escuchan. Pero cuando sentimos que no recibimos la máxima atención nos sentimos ignorados.

Así que cuando nos comunicamos con alguien, el factor más importante del proceso es lo que hacemos sentir a nuestro interlocutor con nuestra forma de comunicarnos. Lo que explica que *la gente pueda olvidar más fácilmente lo que uno le dice o le da, pero no lo que le hacemos sentir*.

La forma de dar un mensaje correcto puede tener efectos contraproducentes, especialmente si es por escrito. Por lo tanto, muchas de las improductivas discusiones que hoy ocurren en las empresas a través del e-mail podrían evitarse. La gente está dispuesta a aceptar muchos de los señalamientos que recibe por escrito, si los recibiera verbalmente.

Por supuesto, imagino que en este momento usted piensa que esos e-mails de discusión se justifican porque también atienden la necesidad que hay en las empresas de registrar por escrito lo que se dice. Y usted tiene razón. Muchas veces es indispensable documentar los procesos de comunicación.

Sin embargo, la comunicación a través de los e-mails en las empresas sería mucho más eficiente si en los equipos de trabajo se pusiera más énfasis en documentar en los correos electrónicos los acuerdos y los aprendizajes que fueron construidos más rápidamente a través de conversaciones telefónicas o cara-a-cara.

Para poder tener discusiones escritas productivas y eficientes, o aclaratorias, la gente requiere de muchas más habilidades de redacción para poder compensar las claves no-verbales que normalmente utilizamos en la comunicación cara-a-cara o telefónica.

Quejas frecuentes de los destinatarios

Aunque en la primera parte de este libro abordo en detalle los efectos negativos y los defectos de fondo y forma de los e-mails, quiero terminar esta segunda parte con una lista de las quejas más frecuentes que tienen nuestros interlocutores, los destinatarios de nuestros correos electrónicos.

Desde comienzos del año 2006 he estado recopilando respuestas a la pregunta "¿Qué es lo que menos le gusta del e-mail?". Después de hacerla a más de 1.000 personas, en distintos tipos y tamaños de empresas, casi siempre he recibido los mismos comentarios, con apenas diferencias de forma o énfasis.

Ejercicio de empatía para influir positivamente en el destinatario sobre un tema delicado de abordar por escrito

Apreciado Juan,

Me da mucha pena molestarte para temas de cobranzas, especialmente porque tu asistente me comentó que en estas semanas se encuentran en trámites de auditoría, y esto ha requerido de tu tiempo más de lo esperado.

Sin embargo, en este momento necesitamos por parte de ustedes una respuesta sobre la forma de pago que podrían adelantar para ir cancelando las facturas pendientes (todas tienen más de 60 días de haber sido emitidas).

Disculpa que te contactemos por esta vía, que nunca es ideal para tratar estos temas, pero no hemos logrado ubicarte telefónicamente. Sabemos que has estado muy ocupado y has debido viajar mucho.

Por favor, necesitamos todo tu apoyo para avanzar en el proceso de cancelación de las facturas mencionadas.

Te enviamos nuestro agradecimiento por la comprensión a este mensaje y por la diligencia que requiere de tu parte.

Estaremos muy pendientes de tu respuesta.

Saludos cordiales,

Pedro Pérez

No tengo la intención de que sea una lista completa y perfectamente clasificada. Básicamente busco ofrecerle a usted, en su rol de remitente, referencias a tomar en cuenta sobre lo que tienen sus destinatarios posicionado en la mente, para que pueda ser más eficiente al momento de escribir sus e-mails y logre utilizar este medio de comunicación de la manera más productiva.

¿Qué es lo que menos les gusta del e-mail a los destinatarios?

- Las cadenas y el "spam".

- Cuando la cantidad de e-mails recibidos es inmanejable.

- Las discusiones y contra-discusiones por escrito.

- Cuando es usado para cuidarse la espalda.

- Cuando son aspectos que se pueden resolver mejor con una llamada telefónica.

- Cuando el remitente asume que su e-mail ya fue leído.

- Cuando el remitente pretende establecerle la prioridad al destinatario.

- Cuando vienen con la etiqueta de "Urgente".

- Cuando se envían a muchas personas, sin concretar las responsabilidades involucradas.

- Cuando nos acusan frente a terceros, cuartos, etc.

- Los mensajes demasiado largos.

- Cuando son escritos en mayúsculas.

- Cuando están recargados de adornos gráficos.

- Cuando los archivos anexos son demasiado pesados.

- El riesgo de que el mensaje sea mal interpretado.

- El riesgo de infectarnos con virus y perder información.

- No se tiene dominio sobre todo lo que vas a recibir.

- Se trata de un recurso que no es absolutamente confidencial.

Por favor, siéntase en la libertad de agregar sus quejas a esta lista. Además, mucho le agradecería que también me envíe sus sugerencias a jucar@cograf.com.

TERCERA PARTE:

Cuando somos destinatarios

Estamos agobiados por el volumen y la inseguridad

La gerencia del correo electrónico laboral se ha convertido en una de las fuentes de estrés de trabajo más importantes en los últimos años. Por una parte, está el manejo corporativo de todos los recursos técnicos involucrados en el funcionamiento del sistema. Casi nadie ve ni sabe cuánto cuesta todo el esfuerzo involucrado, pero cuando falla el buzón de e-mail o la conexión a Internet prácticamente todos en el trabajo entramos en crisis.

Por otro lado, se encuentra la gerencia individual del correo electrónico como herramienta y medio de comunicación. Éste es el foco principal de este libro, porque es el ámbito en el que se traduce de manera concreta el grado de nuestra efectividad comunicacional y nuestra productividad.

La cantidad de correos electrónicos que debemos atender diariamente, muy lejos de disminuir, cada año aumenta dramáticamente y constituye un creciente dolor de cabeza. Además, la neuralgia está inseparablemente acompañada de los riesgos y consecuencias del "spam", los virus y los ataques informáticos. El inmesurable volumen de correos basura e ilegales se ha convertido en una grave situación mundial, comparable a la contaminación ambiental, el tráfico automotor, el manejo de la basura en las ciudades o el recalentamiento global.

Después de monitorear más de 100 millones de mensajes, en su informe de agosto del 2006 la empresa Ipswitch (www.ipswitch.com) señala que más del 70% del e-mail en Internet era "spam". Apenas un año después, indicó que los correos basura representaban el 90% de los mensajes que circulaban en la red. Datos similares sobre el porcentaje de "spam" también han sido presentados por otras organizaciones que, al igual que Ipswitch, se especializan en servicios y desarrollos de sistemas de seguridad que les permiten hacerle seguimiento y analizar enormes cantidades de correos electrónicos.

Además de las investigaciones de empresas como McAfee (www.mcafee.com), o Marshal (www.marshal.com), por mencionar sólo algunas, se destaca el reporte de Symantec (www.symantec.com), de septiembre del año 2006, sobre las amenzas a la seguridad en Internet. Esta empresa cuenta con una red mundial de 120 millones de internautas en 180 países que usan sus productos y de quienes obtienen la información de sus investigaciones.

Pero el estrés generado por el volumen de e-mails y los riesgos de seguridad asociados a este medio, son parte también de un fenómeno mayor de sobrecarga informativa y comunicacional, con importantes consecuencias negativas en la productividad de los equipos de trabajo. De este drama son actores importantes las múltiples llamadas telefónicas (de oficina, celular), los mensajes de texto en los celulares, el "Blackberry", los chat y las video-llamadas tipo Skype.com.

De esta lista también es parte activa el montón de información de negocio que adicionalmente debemos procesar (en empresas de todos los tipos y tamaños) y que es parte de nuestro día a día: Informes, investigaciones, manuales, cursos, libros, revistas, periódicos, etc.

En un artículo titulado "Infoclutter", publicado en Forbes.com, el gurú mundial del mercadeo, Jack Trout, comenta que hoy en día un gerente de negocios en USA debería leer más o menos un millón de palabras a la semana. Cantidad de información que puede compararse a la que cabe en unas 5 resmas de papel tamaño carta, o a 4 libros del grosor de los de Harry Potter.

Sin entrar a analizar la factibilidad humana de procesar este volumen de información, lo que sí no podemos perder de vista es la cantidad de dinero involucrado y que perdemos en las empresas por esta especie de síndrome.

En el 2007, la empresa Basex (www.basex.com), con 22 años de experiencia en investigaciones y análisis de ambientes colaborativos y de negocios, publicó un informe titulado "Information overload: We have met the enemy and he is us" ("Sobrecarga informativa: Conocimos al enemigo y somos nosotros"). En éste afirman que las interrupciones de trabajo en empresas norteamericanas cuestan 650 billones de dólares al año, gracias a situaciones como las siguientes:

• Los trabajadores son interrumpidos hasta 11 veces por hora.

• Un gerente promedio es interrumpido entre 6 y 7 veces por hora.

• Las distracciones pueden llegar a ser el 30% del tiempo laboral.

• Puede tomar entre 5 y 15 minutos recobrar la concentración después de una interrupción.

¿Hay suficiente consciencia dentro de las organizaciones sobre estos costos? No lo sé. Pero sí creo que es oportuno reflexionar sobre una idea que el psicólogo y filósofo William James estuvo manoseando unos 100 años antes de que estuviera ocurriendo toda esta sobrecarga de información: "El arte de la sabiduría es el arte de saber qué pasar por alto".

Ironías de la "infomanía"

Como parte de una investigación realizada en el 2005 por el Instituto de Psiquiatría de la Universidad de Londres, el término "infomanía" surgió para referirse a las personas adictas al correo electrónico, a la mensajería instantánea de sistemas "chats" y a los mensajes de texto a través de dispositivos móviles.

Después de hacer pruebas con 80 trabajadores británicos voluntarios, se encontró que ciertos medios modernos de comunicación pueden volverse muy adictivos. El uso excesivo de e-mail, teléfonos y "chats" en el trabajo diario perturba de manera importante la concentración de la gente y su habilidad para focalizarse en actividades laborales. Tal puede ser el grado de adicción, que en 1.100 entrevistas telefónicas realizadas como parte de la investigación se encontró que el 62% de los adultos participantes revisan su e-mail profesional en horas fuera de oficina y en vacaciones; la mitad los responde en menos de 60 minutos; y el 20% se siente muy bien interrumpiendo reuniones de trabajo para atender el teléfono o un correo electrónico (aunque el 89% consideraba que eso es muy descortés).

Según este estudio, también citado en la revista Discover (www.discovermagazine.com), en trabajadores interrumpidos intensivamente por el correo electrónico, teléfonos y mensajes instantáneos, las pruebas de coeficiente intelectual caen 10 puntos. Mientras que una investigación previa realizada en la Universidad de Carleton en Canadá encontró que el impacto del fumar marihuana disminuía sólo 4 puntos las mediciones de coeficiente intelectual.

Se trata de un fenómeno sumamente complejo, ya que a pesar de la gran influencia negativa en nuestra capacidad de atención, no hay dudas que hay importantes ventajas al estar "conectados". Parece un círculo vicioso: Nos sentimos mal si no podemos revisar el e-mail y ese estado de ánimo a su vez afecta nuestra concentración en el trabajo. Sabemos que la mayoría de los mensajes que recibimos son inútiles, pero estamos ansiosamente pendientes y nos importan mucho los poquitos que sí son pertinentes.

Tal como lo hemos comentado en varias oportunidades en este libro, el principal punto en la investigación citada no es la intensa dedicación al correo electrónico y otros recursos para transmitir mensajes escritos digitales, sino el llamado a estar conscientes del impacto negativo que puede tener el exceso o el desbalance en la cantidad de esfuerzo que invertimos en estos medios.

Mi admirado amigo, el doctor venezolano Pablo Liendo nos advirtió de los riesgos de esta situación en 1997, cuando acuñó el término "Diabetes Informáticus" para referirse al "trastorno caracterizado por la saturación de la capacidad máxima de transformar los datos recibidos en información para la acción; en forma reiterada y creciente; con preocupación para el afectado y con perjuicio a los involucrados".

En su fantástica conferencia titulada "El Papel del Tiempo y La Biología en los Nuevos Entornos Comunicacionales", el doctor Liendo nos proporciona un sucinto y útil análisis estratégico de cómo el avance de los recursos tecnológicos de comunicación han estado sobrepasando nuestra capacidad biológica de adaptación y aprovechamiento. Así pues, es común ver a ejecutivos preocupados por cambiar sus "laptops" o teléfonos celulares con más memoria para almacenar información que nunca será consultada y mucho menos utilizada. (http://funredes.org/liendo/charlas/diabetes/diabetes.htm)

Ahora bien, para los efectos prácticos que busco con este libro, la conclusión más importante sobre la "infomanía" es que siempre debemos tener en mente que la mayoría de nuestros destinatarios están estresados por el volumen de información que deben gerenciar. Por lo tanto, es muy fácil que le pasen por alto a nuestros e-mails, o los lean superficialmente, o no los lean completos, o simplemente nos malinterpreten. En consecuencia, como remitentes necesitamos ser más comprensivos y pacientes. Reflexión igualmente válida para cuando tenemos la posición de destinatario.

Nuestra sensibilidad frente a las palabras escritas

Desde la posición de destinatarios, podemos contribuir significativamente a reducir el volumen de mensajes corporativos innecesarios o inapropiados que circulan en la red. De esa manera estaríamos haciendo también un gran aporte al mejoramiento de los hábitos de comunicación escrita dentro de las empresas.

Uno de los retos más importantes que tenemos es dejar de reaccionar impulsivamente frente a correos electrónicos que nos hacen sentir tratados de manera inapropiada o irrespetados. Para esto es necesario estar conscientes de cómo funciona nuestros sistema perceptivo cuando estamos leyendo.

Somos muy sensibles a las emociones escritas, porque no contamos con parámetros claros que nos ayuden a comprender la magnitud de las expresiones que leemos. A menos que el remitente tenga amplias habilidades para la comunicación escrita, las emociones en los e-mails, en la mayoría de los casos, son difíciles de interpretar correctamente de acuerdo con la intención del remitente.

Parte de este tema lo abordé antes, cuando me referí a nuestra capacidad de comunicarnos por escrito y a la ambigüedad de los mensajes textuales. Pero es muy importante recordar en todo momento que:

- Siempre necesitamos referencias emocionales que nos permitan contextualizar los significados de los correos electrónicos que leemos.

- Si las emociones no son claras en el mensaje escrito, entonces nosotros las agregamos y las interpretamos en forma "arbitraria" (instintiva).

- Además, en la interpretación de los mensajes escritos siempre sumamos nuestro estado de ánimo del momento y nuestros propios prejuicios.

Por estas razones es frecuente encontrar a compañeros de trabajo que de manera inconsciente gesticulan expresiones cuando están leyendo un correo electrónico, actuando lo que suponen que es "el tono" de ese mensaje.

Muchas veces uno comenta en relación a un e-mail: "Pero, por qué esta persona me está gritando", cuando en realidad no hay ningún indicio explícito de ello en el mensaje (por ejemplo, signos de admiración). Sólo se trata de un juicio especulativo de nuestra

Algunas reacciones que podemos tener como destinatarios, producto de la interpretación de los e-mails que recibimos:

Agrado	Despedida agradable	Molesto
Agradecido	Despedida repugnante	Perturbado
Aliviado	Disgustado	Repugnancia
Asustado	Enfurecido	Risa agradable
Avergonzado	Fruncir el ceño	Risa disimulada
Complacido	Frustrado	Risa repugnante
Comprendido	Gritado	Risa tonta
Confundido	Hacer muesca	Saludo agradable
Consabido	Impresionado	Saludo reacio
Convencido	Incómodo	Sonreír con desprecio
Crédulo	Incrédulo	Sonrisa auténtica
De acuerdo	Indignado	Sonrisa sarcástica
Decepcionado	Inquieto	Sorprendido
Desacuerdo	Interesado	Suspiro

parte, que hacemos por lo que sentimos al leer el e-mail, o por los prejuicios que tenemos del remitente.

Los sentimientos en la lectura de los e-mails

Hay un proyecto muy particular de "Inteligencia Artificial" (IA) que puede ayudarnos a comprender los sentimientos que podemos tener cuando leemos un correo electrónico. Lo que a su vez nos explicaría las reacciones que tendríamos y sus consecuencias.

Se trata de un sitio web que contiene un robot para hacer "chat", conocido también como un "chatbot", concebido para simular una conversación humana escrita, de una manera interesante, entretenida y humorística. La particularidad de este chatbot consiste en que fue programado para aprender de quienes interactúan con él la forma en la que aprendemos sobre el lenguaje, los hechos, el contexto y las reglas.

Su nombre es Jabberwacky. Archiva todo lo escrito por quienes han "chateado" con él, y su programación le permite encontrar lo más apropiado para decirnos en un momento determinado, usando técnicas de combinación de patrones contextuales. Básicamente, su funcionamiento depende de los principios de la retroalimentación (o "feedback").

Para efectos didácticos podríamos decir que Jabberwacky es una gigantesca base de datos de las conversaciones que ha tenido. Comenzó a programarse en 1988 y fue publicado en Internet en 1997. Para el momento de escribir este libro llevaba casi 13 millones de conversaciones. Su interactividad se basa en los patrones de conversación que ha aprendido de cada visitante, más los que continua aprendiendo de cada nuevo "chat".

Si visita Jabberwacky.com y conversa con este chatbot, usted tiene la posibilidad de agregar un sentimiento específico a cada uno de sus mensajes escritos. Igualmente, frente a cada mensaje que el "chatbot" le transmite, usted puede indicar el sentimiento que le hace sentir ese mensaje. De esta manera, la conversación se produce dentro de un contexto emocional que permite comprender mejor el intercambio de los mensajes.

En otros sistemas de "chat", como el Messenger de Microsoft o el de Skype.com, sólo se puede agregar contexto emocional a los mensajes con emoticones, o gracias a la habilidad redaccional de quien escribe. Por lo tanto, con frecuencia los destinatarios recurrimos a nuestra intuición para completar la interpretación de lo que leemos.

Los sentimientos listados en el cuadro de la siguiente página, los he tomado del sistema de Jabberwacky.com. Aspiro que le sirvan como referencia específica de lo que podemos hacer sentir a nuestros interlocutores cuando les escribimos, o lo que nos hacen sentir cuando leemos.

La amplitud de ambas listas pueden ayudarnos a comprender por qué los correos electrónicos siempre corren riesgos de ser ineficientes cuando transmiten material emocional. La variedad de sentimientos con los que pueden ser interpretados o que pueden generar es muy amplia.

La tentación de los mensajes "hostiles"

De los efectos negativos en la productividad que pueden generar ciertos mensajes escritos en el trabajo podríamos decir que la comunicación a través del e-mail puede llegar a ser muy "incomunicativa".

Proyecto de "Inteligencia Artificial" Jabberwacky.com
Emociones tomadas en cuenta para contextualizar
lo que siente el remitente al escribir:

Aburrido	Didáctico	Normal
Agradable	Discutidor	Noble, suave
Alerta	Distraído	Obstinado, terco
Amar, querer	Dudoso	Odio
Apoyo, respaldo	Dulzura	Olvidadizo
Asustadizo	Enojado	Orgullo
Bailarín	Entrometido	Pensativo
Bromeando	Estar seguro	Perezoso
Burlarse	Excitado	Positivo
Calma	Fascinado	Preocupado
Cansado	Firmeza	Presumido
Cantando	Fresco	Intención
Compasión	Furioso	Relajado
Considerado	Gritar	Renuente, reacio
Contemplativo	Grosero, tosco	Robótico
Contento	Gruñón	Sarcástico
Muy Contento	Guiñar el ojo	Serio, dedicado
Contundente	Gustar	Simpático
Coqueteo	Hablador	Somnoliento
Cuestionar	Honrado, recto	Tímido
Culpable	Incierto, dudoso	Tonto, estúpido
Curioso	Lleno de culpa	Travieso, pícaro
Desviado	Muy triste	Triste
Determinado	Negativo	Victorioso

En una asesoría sobre el manejo estratégico de las comunicaciones en la atención al cliente, indiqué una alternativa para ser más proactivos frente a las crisis recurrentes que se producían cuando dejaba de funcionar un servicio tecnológico de consumo masivo.

Técnicamente podían detectar la falla antes que los clientes. Así que les dije a las personas con las que estaba trabajando que enviaran un correo electrónico a los afectados, advirtiéndoles el inconveniente y avisando las acciones que realizarían para resolver la situación. De esta manera evitaban que los clientes se molestaran al ser sorprendidos por la interrupción del servicio y comenzaran a llamarlos desesperados por la incertidumbre de lo que ocurría.

A pesar de que estaban plenamente de acuerdo con nuestra recomendación y que habían confirmado que era factible implementarla, no la llevaban a cabo. Enviar ese e-mail anticipado los ayudaba a evitar la presión adicional de los clientes molestos por la falla del servicio. Sin embargo no lo enviaban y la razón era demasiado simple: No tenían tiempo para hacerlo.

Tratándose de personas muy inteligentes y muy preparadas técnicamente, me costaba comprender por qué no les alcanzaba el tiempo para enviar un correo electrónico de importancia estratégica para ellos. Así que seguí investigando sobre las actividades específicas en su día a día y conseguí lo que en ese momento fue una sorpresa y después observé que pasaba en otras instancias de aquella y otras empresas.

Como era una empresa de servicios de consumo masivo, por buenos que fueran, era de esperarse que recibieran ciertos correos electrónicos de clientes molestos e insatisfechos por la calidad del soporte técnico y la atención que recibían. Por lo tanto, era comprensible que muchos de esos mensajes tuvieran un lenguaje crítico, exigente o "muy duro" (características comunes en la forma de quejarnos los clientes cuando nos sentimos muy desepcionados de la atención que recibimos).

Sin embargo el origen de "la falta de tiempo" comenzaba cuando los destinatarios de aquellas quejas escritas inconscientemente agregaban emociones que los llevaban a sentirse ofendidos por el cliente (a través de su mensaje) y a interpretar las críticas y exigencias como algo personal. En consecuencia, aquellos profesionales terminaban invirtiendo una considerable cantidad de tiempo para reponder lo que suponían era una ofensa y para "poner al cliente en su lugar". Adivine cuánto tiempo podían llegar a utilizar para esto...

¿Qué entendemos por mensaje "hostil"?

Por "hostil" me refiero a los correos electrónicos con los que nos sentimos ofendidos. Unas veces porque especulamos y mal interpretamos la intención del remitente y otras veces porque perdemos de vista la expectativa básica de cualquier cliente: "Dame lo que me ofreciste y por lo que estoy pagando. De lo contrario puedo molestarme si no lo recibo y tengo derecho a exigírtelo". ¿No le parece justo?

En estas condiciones, los mensajes hostiles son una suculenta tentación para el destinatario. Como ya lo he explicado antes, el peso que tienen las palabras escritas nos lleva a sentir que si nos ofenden por escrito debemos devolver la piedra de la misma manera.

Si son mensajes relacionados con el trabajo cualquier profesional inteligente trata de tomar la precaución de no responder "con el mismo lenguaje grosero del remitente", como podríamos decir para justificar la acción de respuesta. Sino que se esmera en devolver la ofensa, pero escrita con la mayor sutileza posible de manera de no correr el riesgo de ser despedido por haber insultado abiertamente a un cliente.

Vale agregar que se pueden considerar igual de hostiles y tentadores los correos electrónicos que recibimos de compañeros de trabajo que nos hacen sentir ofendidos o delatados frente a otros compañeros y jefes.

Cada día en las empresas son más frecuentes los mensajes a través de los cuales un compañero envía por escrito un reclamo pertinente o una justa exigencia, pero le copia a otros destinatarios con la clara intención de agregar presión a la respuesta o de librarse de la responsabilidad.

Como puede preverse, aún estando de acuerdo con el contenido del mensaje, el destinatario no considerará que eso es lo más importante. Sentirse ofendido y delatado es mucho más fuerte. Frente a situaciones como éstas, el clamor es generalizado: "¿Pero, por qué fulano no me hizo este reclamo de manera privada o más directa, por teléfono o cara-a-cara? ¿Acaso no me tiene suficiente confianza? ¿Por qué le tuvo que copiar este e-mail a toda esta gente?"

Los riesgos de caer en la tentación de reponder estos e-mails son consabidos. No son pocas las veces que se desatan especies de batallas de correos electrónicos para "aclarar" responsabilidades, malas interpretaciones o precisión de detalles. En el fondo, los destinatarios y remitentes "contrincantes" lo que buscan es restituir el honor ofendido y que haya justicia por la deslealtad frente a colegas y supervisores. La pertinencia del mensaje original se pierde muy rápido en estas circunstancias.

Efectividad de las discusiones y "aclaraciones" escritas

¿Cuánto tiempo toma (y cuánto cuesta) responder y/o defenderse por escrito de los e-mails "hostiles"? ¿Cuánto tiempo toman (y cuánto cuestan emocionalmente) estos procesos colectivos de "aclaración" de responsabilidades o malas interpretaciones?

Con una clara visión del alcance negativo que podía tener esta situación, tuve la oportunidad de observar el tiempo que las personas toman para responder por escrito los mensajes "hostiles". Lo he podido evidenciar con las personas que he asesorado sobre este tema y lo he corroborado con los asistentes a mis seminarios y conferencias.

No he cronometrado el tiempo, pero sí he podido identificar claramente los diferentes momentos involucrados en "la digestión" de los correos electrónicos hostiles:

1. De la primera lectura suele producirse una especie de "shock", que nos lleva a leer el mensaje varias veces para verificar lo que estamos leyendo. A veces hasta necesitamos pararnos de nuestro puesto para hacer una especie de receso o pausa emocional para "masticar" la situación.

2. Después de definir la estrategia para devolver la ofensa (pero sin correr el riesgo de ser despedido del trabajo), uno se sienta a escribir para intentar que el insulto sea sutil y descubre que es muy difícil hacerlo por escrito, a menos que uno tenga dotes como los de Gabriel García Márquez o Jorge Luis Borges. Entonces, de pronto, uno se descubre escribiendo y rescribiendo varias veces una frase o un párrafo que no termina de hilar.

3. Después de sortear una serie de maromas de redacción, cuando leemos el texto final de nuestra respuesta, se nos genera una sensación de inseguridad por la posibilidad de que "se nos pase la mano" o seamos "demasiado duros". Entonces recurrimos a otros compañeros de trabajo para que nos den su opinión, de la cual casi siempre se derivan cambios que debemos hacer. Por cierto, algunos profesionales más precavidos, después de escribir "la bomba" con la que van a responder, hacen pausas importantes de tiempo para releer su mensaje después de haber pasado la molestia emocional.

De este proceso, que he resumido para los fines de este libro, he encontrado que un e-mail hostil puede tomar hasta una hora de trabajo para ser respondido con suficiente precaución (supuestamente).

Por supuesto que este tiempo varía dependiendo de la complejidad del e-mail, pero **es suficiente que a usted le toque atender dos casos como este al día para que tenga que utilizar el 25% de su jornada laboral (2 horas de 8) para gerenciar solamente 2 correos electrónicos**. ¿Cómo le va a rendir el tiempo así?.

Todo esto me permitió entender mejor lo que estaba ocurriendo. Los ejecutivos de esa empresa debían atender a miles de clientes y se puede decir que en general prestaban un buen servicio. Pero, tratándose de un volumen masivo de consumidores, era de esperarse que cada día o varias veces a la semana recibieran algunos e-mails que consideraban hostiles.

Nótese que, desde el punto de vista del costo financiero involucrado, hasta el momento no he mencionado nada sobre:

- El tiempo que tomaba atender los e-mails que se desataban como parte de la misma "batalla".

- El tiempo de lectura de las personas que recibían copia de esos mensajes.

- Los costos de los recursos tecnológicos utilizados.

Este caso también me ayudó a ver mejor la cantidad de dinero que se puede estar perdiendo en las empresas. Bien sea por el tiempo improductivo envuelto en aclaraciones y discusiones escritas, como por falta de atención estratégica a los retos gerenciales que supone el manejo individual del correo electrónico.

Con la cantidad de interrupciones diarias en el trabajo a través de diferentes medios digitales de "comunicación", y con el tiempo utilizado para gerenciar los mensajes hostiles, ya no me parece exagerado que la empresa Basex (www.basex.com) afirme en el 2007, que en USA las empresas pierden 650 billones de dólares al año por estas situaciones.

A continuación voy a abordar tres aspectos adicionales que nos facultan para tener una visión global de nuestras condiciones como destinatarios de e-mail: Cómo interactuamos frente a la computadora, cómo consumimos información y cómo leemos en un monitor. Estas consideraciones nos ayudarán a ser más eficientes cuando estructuremos un correo electrónico.

Cómo interactuamos frente a la computadora

En este caso, por interacción frente a la computadora me refiero principalmente a los diferentes aspectos involucrados en los procesos de lectura y consumo de información delante de un monitor. Estas referencias pueden ayudarnos a entender los aspectos de forma que podemos mejorar en nuestros correos electrónicos y que inciden en la comprensión de su contenido.

Dicho de otra forma, si contamos con más noción sobre cómo leen y "digieren" la información los destinatarios de nuestros e-mails, podemos hacer ajustes en la forma en que los concebimos, los estructuramos y los escribimos, en función de ser más efectivos con nuestros mensajes escritos.

Desde hace varias décadas diversas universidades europeas y norteamericanas han realizado investigaciones sobre los procesos neurológicos y cognitivos de la lectura, y con el surgimientos de las interfaces gráficas de Internet, en los años 90, se comenzaron a aplicar los principios de esos estudios a la interactividad y la lectura de páginas web.

Un buen ejemplo está en los estudios "Eyetrack II y III", realizados por el Instituto Poynter de Periodismo (www.poynter.org), el Departamento de Comunicaciones de la Universidad de Stanford (communication.stanford.edu), el Centro Estlow de la Universidad de Denver (www.estlow.org), y la empresa Eyetools Inc. (www. eyetools.com)

Aunque en este caso en particular se trata de estudios focalizados en la lectura de páginas web de periódicos, la metodología y los recuros tecnológicos empleados antes y después han sido utilizados en otras investigaciones.

Entre otros, destacan los numerosos estudios realizados por la misma empresa Eyetools Inc. (www.eyetools.com) para una importante cantidad de organizaciones comerciales y sitios web como Google y Yahoo, así como sus estudios sobre sitios B2C, B2B y boletines electrónicos. Sobre sus investigaciones se puede encontrar abundante información en blog.eyetools.net.

Así mismo, es significativo el trabajo investigativo de empresas consultoras de carácter internacional como es el caso del Nielsen Norman Group (www.nngroup.com). Sus estudios y publicaciones se basan en pruebas realizadas desde hace muchos años en 586 sitios web e intranets, 268 modelos diferentes de correos electrónicos, en los que han participado más de 1.300 usuarios en 12 países.

Igualmente importantes son las investigaciones que desde hace varias décadas realizan instituciones como el Laboratorio de "Usability" de la empresa Sun Microsystems (www.sun.com/usability), o el Centro de Investigaciones de Palo Alto (www.parc. com). Sus estudios sobre interactividad y lectura de distintos formatos de información digital son una referencia clave para comprender y gerenciar las posibles percepciones, interpretaciones y acciones de las personas destinatarias de mensajes escritos a través de la computadora.

En las investigaciones donde se utilizan los interesantes recursos tecnológicos y la metodología "eye tracking" (traducible como "seguimiento del ojo"), se puede apreciar con claridad a través de la retina de los participantes la manera cómo ven y cómo leen, tanto de forma general como detallada, el contenido de una página web o de un correo electrónico.

Con esta tecnología se utilizan equipos diseñados para sincronizar y grabar el movimiento de la retina, así como programas que permiten digitalizar data e información sobre lo que vemos y dejamos de ver, el tiempo empleado en cada punto mirado y toda la trayectoria de la vista en el proceso de lectura e interacción.

En el diseño de estos estudios se suele incluir aspectos metodológicos para determinar consecuencias cognitivas de la lectura. Por ejemplo, el porcentaje de recordación de un determinado contenido textual y el porcentaje de comprensión de los contenidos leídos.

Para tener una idea más clara de lo que estamos hablando, vale recurrir una de las tantas investigaciones del Dr. Jakob Nielsen citada en su sitio web (www.useit.com/alertbox/9710a.html): Buscando medir los efectos en la lectura que podía tener la forma de un determinado texto en una página web, desarrolló una prueba muy simple pero a la vez muy interesante. En ésta se comprueba la diferencia en recordación y comprensión que puede tener un mensaje.

Utilizó como base el párrafo corrido de un texto escrito con el estilo típicamente publicitario en una página web de promoción turística, y desarrolló 4 versiones diferentes del mismo texto:

• Una en la que el texto-párrafo era más conciso.

• Otra que respetaba la versión original del texto, pero los detalles de la información se listaban de manera separada para facilitar su lectura.

• Una tercera en la que se redujeron los clichés publicitarios del texto (o el blah, blah, blah), y se utilizó un lenguaje más objetivo, pero sin listar los detalles de la información.

• Y una última versión, en la que el texto combinaba los principales atributos de las 3 versiones anteriores.

El texto más conciso (la primera variación) obtuvo un 58% más de recordación y comprensión que la original. Pero la última versión obtuvo 128% más.

En este caso se puede ver claramente el impacto que puede tener la lectura de un correo electrónico, dependiendo de la forma en que es redactado y presentado su contenido. De este ejemplo también se podría inferir el por qué es frecuente encontrarnos en discusiones diarias de trabajo sobre mensajes escritos en e-mails que no fueron leídos y/o comprendidos completamente.

Todos los mensajes escritos se traducen en un porcentaje determinado de comprensión y, en consecuencia, de recordación. Por supuesto, además de la forma de presentarse el mensaje, la calidad de la redacción tiene un peso determinante. Pero si ciertas formas de organizar el contenido de un correo electrónico inciden en su comprensión, ¿por qué no tomarlas en cuenta en el día a día de nuestros e-mails?.

Como es de esperar, la interpretación de investigaciones como éstas siempre generan polémica. Pero ellas sólo indican lo que pasa cuando las personas interactúan con las computadoras, y en este ejemplo específico, lo que pasa cuando leen. Los estudios no muestran qué hacer, sino que dan una idea-guía de lo que no funciona, o de lo que funciona bien o mejor. Y son eso, una guía; no son reglas ni leyes.

Tomando en cuenta esto, en la cuarta parte de este libro presento una guía de buenas prácticas para gerenciar correos electrónicos, como empresa, remitente o destinatario. Pero, antes vale la pena revisar un par de factores adicionales de interactividad con estrecha vinculación: Cómo consumimos información escrita, lo que a su vez determina nuestros hábitos de lectura.

Cómo consumimos información escrita

Las personas que navegamos en Internet y que gerenciamos correos electrónicos actuamos frente a la información de una manera similar a como los animales salvajes cazan a sus presas. Así lo plantean las teorías que desde la década de los 70 tratan de explicar la conducta humana al buscar o hurgar información ("information foraging").

Un marco referencial útil lo representan los experimentos sobre "selección de datos significativos", citados también por Gladwell, en su libro "Inteligencia Intuitiva". Las pruebas que desde los años 80 realiza el profesor John Gottman, de la Universidad de Warlilington, son impactantes. Ellas muestran la capacidad que tiene nuestro inconsciente para encontrar patrones en situaciones y comportamientos a partir de fragmentos de experiencia muy pequeños. De manera adicional revelan cómo es posible recopilar información necesaria para elaborar un juicio complejo en pocos segundos.

Para los propósitos de este libro, son particularmente interesantes los estudios y las publicaciones de Peter Pirolli y Stuard Card, del Centro de Investigaciones de Palo Alto (www.parc.com). Con sus estudios Pirolli desarrolla un modelo cognitivo que permite analizar cualitativamente los patrones del comportamiento humano cuando interactua con información, bien sea para buscarla, detectarla o consumirla.

Por ejemplo, al hojear un peródico tendemos a ver primero los titulares de las noticias. Ellos nos ayudan a decidir si vale la pena o no profundizar en esa información. Sin embargo, hay otros aspectos que igualmente inciden en nuestra percepción sobre la relevancia de la información. Tal es el caso del volumen, el cual puede disuadirnos de "consumirla" si "olfateamos" que requiere demasiado esfuerzo, o si percibimos que el beneficio que obtendremos de la lectura no justifica su consumo.

Si aplicamos el modelo al comportamiento de los animales salvajes, podemos entender por qué las fieras igualmente no deciden cazar los animales más grandes, aunque teóricamente representen más beneficios. Instintivamente, esos cazadores saben que mientras mayor es el tamaño de su presa mayor será el esfuerzo que deberán hacer para cazarla y consumirla. Lo más seguro es que no se la coman toda y haya desperdicio.

Cuando se aplica a Internet, puesto de una manera simple, el modelo nos permite explicar la secuencia de clicks que hacemos en las páginas web para conseguir información. Decidimos interactuar con los links que percibimos como claves (explícitas o implícitas) del camino que a su vez intuimos nos permitirá conseguir lo que estamos buscando de la manera más rápida y eficiente.

Por ejemplo, para decidir la prioridad de atención de los correos electrónicos que recibimos, "olfateamos" su importancia viendo el nombre del remitente y el título del mensaje. Esa clave a su vez la contrastamos con el posicionamiento que tiene en nuestra mente la persona que nos escribe.

Esto explica por qué atendemos más rápidamente los e-mails que vienen del jefe o de un cliente importante, o por qué dejamos para más tarde los mensajes de las personas que nos envían correos con "demasiada" frecuencia.

Según el modelo de Pirolli, el olor o aroma de la información ("information scent") es una medida psicológica sobre la relevancia y pertinencia que tiene un link u otro fragmento informativo, de acuerdo con nuestras necesidades y objetivos como "cazadores". Por eso nos resultan muy útiles los sumarios en los textos muy largos, o ese primer párrafo que en las noticias se conoce como "lead". Ambos son ejemplos de recursos que nos permiten "olfatear" la información para decidir si la continuamos "hurgando".

El otro concepto acuñado por Pirolli para referirse al modelo de comportamiento humano para buscar, detectar, seleccionar, adquirir y consumir información es el de ***"dieta selectiva"***, el cual se puede explicar de manera simple:

Aspiramos la máxima ganancia por el esfuerzo dedicado para "cazar" una información que nos interesa, y aspiramos la máxima utilidad o beneficio de esa información por el tiempo invertido para consumirla.

De acuerdo con el modelo de "dieta selectiva", ***la información como presa tiene costos*** en la mente de quien navega en Internet o de quien es destinatario de correos electrónicos:

- Costos de Búsqueda e Identificación: Tiempo utilizado para ubicar el asunto de interés, o para detectar su relevancia.

- Costos de Selección y Adquisición: Tiempo invertido en la "persecusión" de la presa (la información que nos interesa).

- Costos de Manejo y Consumo: Tiempo de procesamiento y "digestión" de la información, después de adquirida.

- Otros costos de oportunidad, directos o indirectos, relacionados con los recursos y la información que dejamos de consumir por habernos decidido por otra.

Las personas analizamos y procesamos estos costos en cada momento y en fracciones de segundo, según distintos componentes de información que percibimos y que voy a explicar más detalladamente en el siguiente capítulo.

La "dieta selectiva" aplicada al correo electrónico

Si tomamos en cuenta el elevado volumen de información general que debemos manejar diariamente en el trabajo, más la cantidad también creciente de correos electrónicos que recibimos, podríamos decir que hacer "dieta selectiva" es un mecanismo indispensable de gerencia para ser más eficientes en el uso de nuestro tiempo y esfuerzo.

Aplicado al e-mail, este concepto nos ayuda a ver cómo funcionan algunos de los factores prácticos de efectividad de nuestros mensajes escritos.

Cuando revisan su buzón de e-mail, en la mente de los destinatarios se analizan diferentes claves y sus respectivos costos, y en apenas instantes, se decide a cuáles mensajes debemos prestarle atención inmediata y leer, cuáles podemos dejar para después y cuáles podemos ignorar por completo y eliminar sin ni siquiera leer. Veamos algunos ejemplos de cómo funcionan en la práctica esas claves de "dieta selectiva" para el destinatario:

Tiempo de búsqueda e identificación

El costo de este tiempo está definido por la rapidez con la que podemos ver quién es el remitente del e-mail y la especificidad del título del mensaje.

Nuestra percepción de relevancia es diferente cuando vemos un mensaje de jcj2000@gmail.com, que si vemos claramente el nombre del remitente en su respectivo campo. Por ejemplo, cuando yo envío un e-mail, mis destinatarios pueden ver "Juan Carlos Jiménez < jucar@cograf >", y no sólo "jucar@cograf.com".

En otras palabras, el nombre completo del remitente tiene para el destinatario un significado más claro que el de la dirección electrónica sola. Esto le permite ganar tiempo en el proceso de búsqueda e identificación del remitente.

Algo similar ocurre con los títulos de los mensajes (en algunos programas este campo se llama "Asunto", o "Subject"). Si el título del mensaje no es suficientemente específico del tema que aborda y diferenciable de los otros correos electrónicos, a los destinatarios les cuesta más tiempo determinar su importancia y pertinencia.

Por otro lado, si uno recibe una gran cantidad de e-mails con la etiqueta o la palabra "Urgente" en el título, el sentido de la urgencia se pierde. Termina siendo un elemento común, que no ayuda a diferenciar un mensaje de otro. Hemos abusado del término, creyendo que podemos imponer nuestra necesidad por encima de la del destinatario. El título debe ser realmente interesante para que el destinatario sienta urgencia por leer el mensaje y no porque el remitente tiene urgencia.

Ahora, también es frecuente escuchar en el trabajo "no me llegó tu e-mail", cuando lo que ha ocurrido es que involuntariamente no lo hemos visto, o lo hemos pasado por alto. Es comprensible que esto ocurra si hay que gerenciar grandes cantidades de correos electrónicos (incluyendo los "spam").

Una de las consecuencias de esta situación es que para los destinatarios puede llegar a ser difícil identificar mensajes que no tienen el nombre completo del remitente o cuyos títulos son demasiado comunes.

Tiempo de selección y adquisición

El costo de este tiempo se relaciona con el momento en que llega el e-mail al destinatario y con la frecuencia que le escribe el mismo remitente.

Son muy altas las posibilidades de que su mensaje sea ignorado si al destinatario le llega a última hora de la tarde del viernes, o justo antes de salir del trabajo al final del día, o antes de salir a almorzar. El costo de la atención por parte del destinatario puede resultarle alto en esos momentos.

Adicionalmente, si su mensaje no es leído en ese instante, quedará al final de la cola de los mensajes que lleguen después del suyo, lo que a su vez dificultará su identificación y posterior lectura.

Por otro lado (como ya hemos visto en capítulos previos), si el remitente envía correos electrónicos con mucha frecuencia, los destinatarios podemos llegar a sentir que son una desconsideración con nosotros y el trabajo que hacemos en ese momento. En

	From	Subject	Date	Size
	Dpto. Administración	A todo el personal	1/15/08	8.7 KB
	María Isabel González	Información Urgente	1/17/08	292.4 KB
	peter2003@usa.net	Boletín	1/20/08	9.3 KB
	Reporte Finanzas	Boletín de Enero: Resultados del Ejercicio	1/22/08	5.6 KB
	Dpto. Operaciones	A todo el equipo	1/23/08	185.6 KB
	manugonza@aol.com	Felicitaciones por desempeño del mes anterior	1/25/08	14.8 KB
	Recursos Humanos	Asistencia obligatoria	1/27/08	9.8 KB
	Teresa Farrel	¿Recibieron ayer mi solicitud de cotización?	1/29/08	7.6 KB
	Compras y Logística	Normas	2/2/08	732.4 KB
	Ramón Gaza Torrez	Requerimientos nuevo almacen: Cliente Medical	2/3/08	12.9 KB
	Soporte Técnico	Notificación	2/5/08	925.8 KB
	Dpto. Servicio Cliente	Asuntos varios	2/7/08	8.7 KB
	Dpto. Administrativo	¿Asistirías a estos nuevos talleres de servicio?	2/8/08	9.3 KB
	Raúl Caraballo	En el texto	2/10/08	14.8 KB
	Dpto Soporte Técnico	Asunto urgente pendiente	2/12/08	519.3 KB
	carmentec@msn.com	Confirmando reunión. Mañana 3 pm. Auditorio	2/13/08	49.8 KB
	LuisRoma@yantex.com	Asuntos varios	2/14/08	937.6 KB
	Dpto. Operaciones	Entrenamientos sobre nuevos productos - Marzo	2/16/08	712.9 KB

Por la aplicación básica de "dieta selectiva", los destinatarios tendemos a ignorar (o eliminar sin leer) los e-mails con títulos demasiado genéricos, o que no permiten identificar claramente el nombre del remitente. En esta imagen puede ver varios ejemplos de estos casos.

consecuencia, "cobramos" el exceso, dejando de prestarle atención a esos mensajes.

Tome en cuenta que también tienen un alto costo de atención para el destinatario los remitentes que se posicionan como personas que permanentemente envían cadenas, chismes, acusaciones a terceros, o mensajes para cubrir sus espaldas y/o justificarse. Ellos terminan vistos, igualmente, como desconsiderados.

Con estas prácticas, a la larga, no sólo se deteriora la reputación del remitente, también el destinatario termina pensando que no vale mucho la pena invertir tiempo en esos mensajes y los elimina sin leer.

Tiempo de manejo y consumo

Si uno no comete ninguno de los errores antes mencionados, igual debe enfrentar otros costos importantes que los destinatarios analizan para seguir adelante con un correo electrónico, *después de identificarlo y abrirlo*.

Las probabilidades de que el destinatario lea nuestros e-mails disminuyen con las siguientes condiciones:

- Si no ve su nombre en el campo principal de destinatario ("Para"), sino que es parte de una lista de nombres a quien le llega una copia. En este caso, tiende a perder interés en el mensaje (el abuso de la opción "Cc" ha perjudicado su sentido y utilidad).

- Si el texto del mensaje es percibido como excesivamente largo y denso, o trae archivos electrónicos de trabajo muy pesados. Es muy probable que el destinatario sienta que el esfuerzo que debe hacer para "consumir" el contenido de esos e-mails es demasiado grande para ese momento y termina posponiéndolo o llamando por teléfono al remitente para ganar tiempo.

- Por los principios de la "dieta selectiva", para el destinatario es clave la claridad de las 2 ó 3 primeras líneas del mensaje. Si estas primeras palabras le producen la sensación de que se trata de un tema que requiere un esfuerzo especial para ser comprendido, o le resulta trivial, o están mal redactadas, también es factible que posponga su lectura.

Asímismo, hay personas en las empresas que se ganan cierta fama por sus mensajes extremadamente extensos y difíciles de entender. A ellos les cuesta más que sus destinatarios le dediquen especial atención. Estos son los casos en los que el destinatario prefiere llamar por teléfono para que le transmitan el mensaje de una manera más rápida. De esta forma gana tiempo en la "digestión" de esos mensajes.

Otros tiempos (y otros costos)

El procesamiento de los correos electrónicos también implica costos de oportunidad. Cada e-mail que uno envía compite con otras funciones y responsabilidades que también deben ser atendidas por el destinatario.

La sensación de ineficiencia y desorden que tenemos en el trabajo cuando debemos dejar lo que estamos haciendo (y que es importante), para atender otra necesidad "urgente", implica costos emocionales significativos. Ellos originan estrés y ansiedad por las actividades que posponemos y nos quedan pendientes por hacer.

Por su parte, las personas que tienen activada la alarma automática de su buzón de e-mail, que les indica la llegada de cada nuevo mensaje, están muy expuestas a innumerables interrupciones que también producen estrés y afectan negativamente la calidad de su atención y concentración en el trabajo. Esto es parte del precio que paga el destinatario por gerenciar de esa manera la recepción de sus correos electrónicos.

De acuerdo con el modelo de "dieta selectiva", en la interacción y gerencia de información los destinatarios de nuestros e-mails siempre darán prioridad a las actividades que perciban como las que le brindan más ventajas por su esfuerzo. Si no lo pueden hacer y deben sacrificar sus beneficios, los destinatarios terminan con un estrés negativo que afecta su interés y entusiasmo por el trabajo.

Un costo final que debe encarar el destinatario, y el más importante en muchos casos, es el de su acción de respuesta al mensaje recibido. Por ejemplo: ¿Debe responder el mensaje?... ¿Cuánto tiempo tomaría responderlo?... ¿Cuál es la acción que supone el mensaje?... ¿Debe suspender lo que está haciendo?... ¿Qué implicaciones tendría suspender lo que estaba haciendo para responder ese e-mail?... ¿La respuesta implica que debe pararse de su puesto para buscar una información ubicada en otra parte, o debe llamar por teléfono?... ¿Cuáles son los costos y beneficios de responder el mensaje de inmediato?... ¿Ese mensaje puede esperar?... ¿Hasta cuándo podría esperar por respuesta?... Etc.

Por supuesto, lo que le hace sentir el mensaje recibido influye de manera determinante en la acción de respuesta del destinatario. Por ejemplo, si se trata de un mensaje hostil, de crítica o reclamo (como los descritos anteriormente), el impacto emocional y el costo del tiempo de atención suele ser muy alto y negativo. Pero los mensajes de agradecimiento o reconocimiento por un trabajo realizado, generan instantáneamente un gran estímulo positivo para ser respondidos.

Por su parte, los mensajes de los jefes y supervisores suelen recibir una acción de respuesta inmediata, debido al significado intrínseco de "autoridad". Sin embargo, muchas veces no es así, ya que esos mensajes también compiten con otras responsabilidades del supervisado-destinatario.

Recuerde que en ese instante previo a la acción de respuesta se dispara la "dieta selectiva" en la mente del destinatario: "¿Cómo obtener la máxima ganancia por esfuerzo dedicado y la máxima utilidad por tiempo invertido?". Un elemento clave de su reacción es la calidad de la relación que tiene con el remitente. Así que es de esperarse que los remitentes primero respondan los e-mail de las personas con las que tiene un mejor trato o más amistad.

Veamos ahora otro aspecto de índole fisiológico, que también tiene una incidencia importante en la lectura y comprensión de los correos electrónicos.

¿Cómo leemos frente a un monitor?

La luminiscencia de los monitores y su resolución afecta la calidad de la visión en la lectura. Es indispensable esforzarnos más para leer un texto en un monitor, que si lo hacemos sobre un papel impreso. En este último caso, las letras cuentan con más contraste de definición y eso facilita leerlas.

Cada esfuerzo adicional en la lectura afecta cualitativamente la comprensión y la recordación del contenido. Investigaciones sobre "usability" indican que el esfuerzo adicional de leer sobre el monitor se traduce en al menos un 25% más de lentitud que leer sobre papel. Por lo cual es recomendable que la extensión de los mensajes escritos a través de la computadora sea un 25% menor a los impresos en papel.

De igual manera, por las exigencias fisiológicas de la lectura en el monitor, la gente prefiere imprimir los textos que debe leer cuya extensión es equivalente a dos hojas tamaño carta o más. Esto le da la opción adicional de consultarlos después, sin depender de la computadora.

El fenómeno del "escan" en la lectura

Por la naturaleza del lenguaje escrito, las personas reconocemos las palabras como un todo, y no nos detenemos a procesar cada una las letras que las componen. Dicho de otra manera, no solemos leer letra por letra ni palabra por palabra. Lo que hacemos con un texto es que le damos una especie de vistazo sinóptico o "barrido", y esto es lo que en la lectura se conoce como "escan".

Como lo explica el psicolingüista Keith Rayner, de la Universidad de Massachusetts Amherst, los ojos no se mueven suavemente a través del texto que uno lee. Por el contrario, el comportamiento promedio de los lectores es mirar una o varias palabras como un grupo. Esto, que técnicamente se denomina "fijación", ha sido medido con las tecnologías del "eye tracking" y se ha determinado que en promedio dura un cuarto de segundo.

Después de una fijación, nuestros ojos "saltan" hacia la siguiente pa-

Pruebas simples del "escan" en la lectura

Una cusiosidad sobre la ortografía y la lectura:

"Sgeun un etsduio de una uivenrsdiad ignlsea, no ipmotra el odren en el que las ltears etsan ersciats, la uicna csoa ipormtnate es que la pmrirea y la utlima ltera esten ecsritas en la psiocion cocrrtea. El rsteo peuden estar ttaolmntee mal y aun pordas lerelo sin pobrleams. Etso es pquore no lemeos cada ltera por si msima preo la paalbra es un tdoo. Pesornamelnte me preace icrneilbe..."

Si consigues leer las primeras palabras,
el cerebro descifrará las otras:

C13R70 D14 D3 V3R4N0 3574B4 3N L4 PL4Y4 0853RV4ND0 D05 CH1C45 8R1NC4ND0 3N 14 4R3N4, 357484N 7R484J484ND0 MUCH0 C0N57RUY3ND0 UN C4571LL0 D3 4R3N4 C0N 70RR35, P454D1Z05 0CUL705 Y PU3N735.

CU4ND0 357484N 4C484ND0 V1N0 UN4 0L4, 9U3 D357RUY0 70D0, R3DUC13ND0 3L C4571LL0 4 UN M0N70N D3 4R3N4 Y 35PUM4. P3N53 9U3 D35PU35 DE 74N70 35FU3RZ0 L45 CH1C45 C0M3NZ4R14N 4 L10R4R, P3R0 3N V3Z D3 350, C0RR13R0N P0R L4 P14Y4, R13ND0 Y JU64ND0, Y C0M3NZ4R0N 4 C0N57RU1R 07R0 C4571LL0.

C0MPR3ND1 9U3 H4814 4PR3ND1D0 UN4 6R4N L3CC10N; 6454M05 MUCH0 713MP0 D3 NU357R4 V1D4 C0N57RUY3ND0 4L6UN4 C054 P3R0 CU4ND0 M45 74RD3 UN4 0L4 3n L1364R 4 D357RU1R 70D0, S010 P3RM4N3C3 L4 4M1574D, 3L 4M0R Y 3L C4R1Ñ0, Y L45 M4N05 D3 49U3LL05 9U3 50N C4P4C35 D3 H4C3RN05 50NRR31R.

54LUD05

JU4N J053

---

labra o grupo de palabras. Conocido como "sacada óptica" este movimiento toma sólo 0.1 segundo. Adicionalmente, las personas pasamos por encima de las preposiciones y palabras cortas predecibles como "de", "en", "a", "por", etc. Después de repetir este patrón una o dos veces, hacemos una pausa para comprender la frase a simplemente vista, lo que en promedio toma de 0.3 a 0.5 segundos.

Según Rayner todas estas fijaciones y saltos en la lectura se traducen en el hecho de que el 95% de las personas con nivel universitario pueden leer, en promedio, entre 200 y 400 palabras por minuto.

¿Para qué nos sirven estos datos? Pues, entre otras cosas, para entender por qué las oraciones más cortas son más fáciles de leer y comprender que las largas, o las que están llenas de acotaciones como parte de la idea principal que se quiere transmitir.

Asímismo, la vista y el cerebro pueden procesarlas con más facilidad cuando separamos los grupos de ideas en párrafos o listas. Básicamente, con esos formatos estamos favoreciendo lo que ya hacemos en forma natural al leer: Escanear los textos. Facilitar el "escan" es facilitar la lectura y facilitar que nuestros mensajes escritos sean más comprensibles.

Como puede verse, el movimiento de la vista al leer es muy rápido y podemos registrar muchas palabras en poco tiempo. Pero, paradógicamente esa rapidez conspira contra la comprensión de los contenidos que leemos. Sumada al estrés de la enorme cantidad de información por procesar en el trabajo y a la gran cantidad de correos electrónicos, esa rapidez explica que nos saltemos palabras e ideas y con frecuencia malinterpretemos mensajes.

Aspiro que estas referencias sirvan como consideraciones prácticas a tomar en cuenta para orientar nuestros criterios cuando estructuramos y redactamos un e-mail, así como cuando los recibimos y nos apresuramos a tratar por escrito situaciones incluso difíciles de abordar cara-a-cara.

En este sentido, en la siguiente parte del libro le ofrezco algunas ideas muy concretas para gerenciar aspectos específicos del correo electrónico en cuatro ámbitos: el de las empresas, el de los remitentes, el de la redacción y el de los destinatarios. No pretendo que sean reglas sobre el e-mail, sino un grupo orientaciones para la acción en el día a día, sobre los aspectos que debemos enfrentar con más frecuencia y en los que veo más oportunidades inmediatas de mejorar.

Muchas de las personas que he asesorado y que las adoptan me han dicho que les son muy útiles y les funciona. Por favor, permítame saber cómo le va a usted, enviándome sus comentarios a través un e-mail a "Juan Carlos Jiménez < jucar@cograf.com >".

CUARTA PARTE:
Buenas prácticas gerenciales

Corto y largo plazo

En la primera parte de este libro presenté los beneficios del correo electrónico, sus efectos positivos, las razones de esos efectos y ciertas referencias de costos prácticos involucrados en su lectura y escritura diaria. Asímismo, expuse algunos de los retos que tienen las empresas para abordar este tema como un asunto clave de negocio y la necesidad de que los profesionales tomemos más consciencia sobre los riesgos que conlleva esta fantástica herramienta de comunicación y que pueden afectar negativamente nuestra productividad.

Después vimos que cuando estamos en la posición de remitentes, establecemos las pautas principales de la "Comunicación Mediada a través de la Computadora" (CMC), y que la mayor efectividad de los correos electrónicos se obtiene en la medida en que comprendamos mejor los retos de la comunicación escrita, así como las posibilidades de ser malinterpretados y los diferentes factores con los que influimos en las percepciones de los destinatarios.

Por último, he descrito los efectos improductivos que ocasiona la gran cantidad de información a gerenciar diariamente cuando estamos en la posición de destinatarios, además de los elementos que determinan nuestra sensibilidad y las reacciones frente a las palabras escritas. Hemos visto también cómo consumimos información cuando interactuamos frente a un monitor, como una referencia fundamental para los remitentes a la hora de desarrollar sus e-mails.

Con base en todas estas consideraciones, ahora usted encontrará una serie de recomendaciones prácticas en el corto y largo plazo, que le permiten ser más eficiente y productivo gerenciando el correo electrónico, en el corto y largo plazo, tanto desde una perspectiva empresarial como individual. Están organizadas en el orden de prioridad que considero pertinente.

Recomendaciones generales para las empresas

1. Las empresas deben abordar el correo electrónico como un asunto gerencial de importancia estratégica. Sin dudas, el uso adecuado de este medio de comunicación ayuda a que se ahorre mucho tiempo y dinero, pero en ciertos casos, como hemos visto, puede ser muy improductivo.

Las organizaciones deben promover espacios de "encuentro e intercambio" en donde los empleados puedan hablar de sus inquietudes como remitentes y destinatarios, compartan sus experiencias en el trabajo diario, determinen oportunidades de mejoras y reciban asesoría. Los costos financieros asociados son de tal impacto, que este tema necesita conversarse en todos los niveles de la empresa, especialmente en la alta gerencia.

Así como han comenzado a desarrollar consciencia ambientalista y consciencia social del negocio, las empresas igualmente necesitan desarrollar consciencia sobre el uso del e-mail. De lo contrario, las bondades y beneficios de este medio de comunicación continuarán deteriorándose por los efectos del volumen irracional e indiscriminado de mensajes que circulan en la red. Es sólo cuestión de tiempo.

2. Las empresas deben implementar planes específicos de entrenamiento y asesoría sobre la comunicación escrita a través del correo electrónico, dirigidos a todos sus empleados. Hace falta formación sobre los factores que determinan la productividad del correo electrónico, así como sobre buena redacción con estilo periodístico. Así mismo, la gente necesita ser entrenada en el uso eficiente de su tiempo y en métodos para organizar el trabajo.

Adicionalmente, los procesos de entrenamiento general deben ser aprovechados para promover las normas específicas de cada organización y modelar las buenas prácticas en cada negocio. En esta dirección, las empresas deberían estimular y premiar las iniciativas organizadas de los empleados que se esfuercen por mejorar sus competencias individuales de comunicación escrita.

3. Las empresas necesitan establecer normas escritas comprensibles sobre el uso corporativo del correo electrónico ("e-Normas"), que orienten positivamente a los empleados sobre las buenas prácticas que se esperan de ellos. Pero estas políticas internas no sólo deben establecer lo que la gente "no debe hacer" y las sanciones por hacerlo, como tiende a suceder. Tampoco deben estar sesgadas por los aspectos tecnológicos del e-mail o los de seguridad. Al hablar de los deberes de los empleados con el e-mail, las e-Normas necesitan destacar de manera especial las ventajas individuales de cumplirlas (lo que es una consideración esencial para el éxito de su "mercadeo interno").

4. Las siguientes son condiciones ideales para que las e-Normas sean más respetadas y tomadas en cuenta:

• Su origen y objetivos deben ser explicados de manera tan amplia como sea posible. La gente será más sensible sobre el tema si conoce los detalles de los riesgos, los costos, buenas prácticas específicas, casos reales y potenciales consecuencias.

• No deben ser vistas como un asunto exclusivo del departamento legal, o el de seguridad, o el de recursos humanos. Competen a todos en la empresa y son una prioridad del negocio, en la que el compromiso comienza en la alta gerencia.

• Los jefes y los empleados deben tener las mismas e-Normas. Es el mínimo grado de consistencia que los empleados esperan para poder creer en ellas y ponerlas en práctica.

• Su divulgación debe enmarcarse dentro de un plan continuo de mercadeo interno y entrenamiento. La efectividad de la inducción sobre este tema depende de que el plan incluya las debidas iniciativas de mantenimiento en el tiempo.

5. Las normas sobre el uso del e-mail pueden ser parte de un documento en el que figuren también las políticas de seguridad informática, el uso correcto del software y la navegación en Internet. Sin embargo, desde el punto de vista comunicacional y práctico, vale tener en mente que cada tema se abordará más efectivamente si se hace de manera segmentada (otra consideración que vale la pena tomar en cuenta para el "mercadeo interno" de las normas).

6. Hay que revisar detenidamente las e-Normas con cada empleado. Con los recién contratados y con los que tienen más tiempo; con los gerentes y supervisores; con los que trabajan tiempo completo, tiempo parcial o empleados temporales; en todos los niveles de la empresa. En muchos casos, también resulta oportuno informar detalladamente las políticas sobre el uso del e-mail a todos los proveedores.

Como parte de la importancia y la formalidad que a la empresa le conviene transmitir sobre el tema, cada empleado debería firmar una copia de las normas como confirmación de que las ha leído y entendido. Es un rito que agrega compromiso, aunque necesita el respaldo de un plan de divulgación y entrenamiento.

7. Como parte de las estrategias corporativas en la gerencia del e-mail, creo que se deberían establecer ***plazos de respuesta***. Es decir, que la gente cuente con un lapso determinado (el que se considere razonable) para responder por escrito los correos de sus compañeros de trabajo con solicitudes específicas. De esta manera, se dejaría de utilizar los mensajes escritos para atender necesidades urgentes que se gerencian de manera más efectiva a través de una llamada telefónica o una conversación cara-a-cara.

Una norma así solucionaría el origen de una de las malas prácticas laborales más frecuentes con el correo electrónico: Cuando los remitentes suponemos que los destinatarios están conectados justo en el momento que les escribimos, desocupados, a la espera de nuestros mensajes para respondernos inmediatamente. Por esta razón, enviamos ineficientes e-mails "urgentes", que terminan generando retrabajo y tensión en las relaciones laborales.

Excepto que por un acuerdo previo (explícito o tácito) varios de los trabajadores se encuentren haciendo "chat", o intercambiando e-mails en un momento determinado, el correo electrónico no funciona para tratar situaciones que requieran atención y acción urgente.

8. Tratándose de un recurso de trabajo que pertenece a la empresa, hay que recordar de manera didáctica y permanente el derecho que tiene la organización a monitorear y revisar el uso del e-mail e Internet por parte de los empleados, cuando lo considere necesario. Las herramientas y la información laboral le pertenecen al empleador.

En este mismo sentido y con el adicional objetivo de salvaguardar las relaciones laborales, la empresa debería informar claramente sus planes y políticas de monitoreo y lectura del e-mail a los empleados, cuándo y cómo lo hace. De esta manera los trabajadores entenderían mejor sus responsabilidades formales y el alcance de su privacidad con esta herramienta laboral.

Esto ayudaría, además, a que la gente tenga una mayor noción de formalidad sobre los correos electrónicos en el trabajo, como documentos con implicaciones legales directas sobre el negocio y cada empleado. Lo que a su vez se traduciría en mensajes escritos con más consciencia de las consecuencias que pueden tener y más esfuerzo para aplicar buenas prácticas de comunicación escrita.

9. En función de mantener entre los empleados una saludable atención y sensibilidad sobre este tema, a la empresa le conviene implementar mecanismos sencillos de evaluación y seguimiento del tiempo que la gente le dedica a los correos electrónicos y su efectividad real. Por ejemplo, es relativamente fácil que, cada cierto tiempo, la gente cuente los correos válidos que recibe en una semana y los que envía como recordatorios, discusiones, aclaratorias, o los que vuelve a enviar porque fueron ignorados por el destinatario. Bastaría hacer esto de manera sistematizada para aumentar sustancialmente la sensibilidad de los trabajadores sobre su efectividad individual de comunicación escrita.

10. Las empresas tienen el reto de cambiar un paradigma de pasividad que se ha incrementado con el correo electrónico. Cada día hay más empleados justificando las faltas en su desempeño cotidiano con expresiones cómo "Yo no sabía, no me llegó un e-mail", o "No asistí porque no me avisaron, no me enviaron un e-mail". Comentarios así indican cómo la herramienta también ha contribuido a fomentar una especie de "cultura del desentendimiento", así como el hábito de responsabilizar a terceros por lo que cada quien deja de hacer y que profesionalmente nos corresponde: Estar informado de manera oportuna.

¿Qué pasaría si este paradigma de información en las empresas cambiara y se estableciera que mantenerse informado debe ser una responsabilidad de cada trabajador? En el corto plazo podría mejorar mucho el flujo de ciertas informaciones corporativas y disminuiría, de manera sustancial, la cantidad de e-mails que en la actualidad no están siendo efectivos.

Caso típico de correos electrónicos ineficientes, especialmente en empresas medianas y grandes, son los mensajes corporativos relacionados con normas o procedimientos de la empresa (nuevos o recordatorios) o los mensajes de invitación y convocatoria a ciertas actividades corporativas (nuevos eventos y recordatorios):

• ¿Cuánta atención y lectura reciben?

• ¿Cuántas personas reaccionan explícitamente y actúan de acuerdo con la solicitud de esos mensajes?

• ¿Cuáles son los indicadores para medir la efectividad de esas comunicaciones y quién está encargado de realizarlas?

• ¿Qué se hace cuando los resultados de esos mensajes no son los esperados?

Aunque todos coincidimos en que el volumen de e-mails es abrumador, en los departamentos de soporte, como administración o informática, cada vez se comenta más que los empleados leen menos las instrucciones, las normas y requerimientos corporativos (entre otros) enviados a través de correos electrónicos. Por lo cual terminan "bombardeando" a los destinatarios con recordatorios que a su vez se vuelven fastidiosos.

Las empresas pueden crear y fortalecer instancias y fuentes de información a la que deban acudir los empleados como parte de su responsabilidad cotidiana. Por ejemplo, en la Intranet pueden publicarse muchas de las informaciones corporativas que en este momento se envían por e-mail y que casi no reciben atención. Además, mucha de esa información también puede mejorar aspectos de redacción, en función de dejar de ser los predecibles mensajes corporativos que no generan interés, para pasar a ser mensajes tratados con visión de mercadeo interno.

Asimismo, las empresas deberían estar muy pendientes de los departamentos que necesitan enviar diversos mensajes de carácter corporativo con mucha frecuencia, cuya efectividad puede estar siendo muy baja. A lo mejor, alguno o varios de ellos están fallando o no están suficientemente "afilados". En otras palabras, vale la pena evaluar la forma en la que se están haciendo las reuniones de equipos de trabajo, por áreas o departamentos ("staff"); las reuniones especiales y los eventos internos; los boletines impresos o electrónicos; los "Memos"; las secciones especiales en la Intranet; los entrenamientos, etc. Es muy probable que se tenga que hacer un plan que los integre y combine mejor.

Recomendaciones adicionales para los gerentes

1. No comuniquen y promuevan las e-Normas solamente a través de correos electrónicos, o como una formalidad más. Utilicen todos los canales de comunicación disponibles para sensibilizar y reforzar el compromiso de los trabajadores sobre el tema. No esperen que ellos se auto-entrenen utilizando únicamente el manual de normas y procedimientos para el uso del e-mail. Ellos necesitan entrenamiento amplio y detallado sobre sus riesgos, derechos, responsabilidades y repercusiones del uso indebido de esta herramienta.

2. No asignen a una sola persona o a un único departamento la responsabilidad de que las políticas corporativas con el e-mail se cumplan. Todos los gerentes y supervisores deben ser soporte diario en el monitoreo y modelaje del comportamiento de los empleados. De lo contrario, no se logrará que esas normas sean adoptadas de manera participativa.

3. No utilicen los e-mails para transmitir malas noticias o despedir a un empleado. Recuerden que este canal no cuenta con los beneficios comunicacionales del lenguaje corporal, la expresión facial o la entonación. Se transmite mucho más respeto por los empleados cuando las malas noticias se dan en persona. Las reuniones cara-a-cara dan la oportunidad para que el empleado haga preguntas, "digiera" mejor la información e identifique sus opciones.

4. No utilicen el correo electrónico para discutir con otros gerentes acerca del desempeño de un empleado. Es un gesto básico de cortesía profesional y así no se corre el riesgo de que esa información se haga pública en un momento dado. La mejor manera de tener ese tipo de conversación es en reuniones personales, a puerta cerrada, o a través de una llamada telefónica. Los comentarios negativos escritos con respecto a un empleado después pueden ser utilizados en contra del gerente y para corroer la moral de los equipos y el sentido de identidad con la empresa.

El e-mail corre muchos riesgos como canal de comunicación de información sensible o confidencial. No son pocos los casos de mensajes enviados accidentalmente a quienes no debían llegar. A veces uno envía un mensaje con "copia oculta" a una persona y ésta, sin darse cuenta, nos responde copiando a todos los otros destinatarios. Éstos terminan considerando como muy descortés el gesto del remitente original y se sienten amenazados o delatados con el destinatario que inicialmente estaba oculto.

5. No se debe minimizar el contacto cara-a-cara en la jornada del diario quehacer laboral. El correo electrónico es un recurso fantástico que nos permite ganar mucho tiempo. Aunque existan compañeros de trabajo que se sienten bien con el hecho de que casi todas sus comunicaciones sean electrónicas, muchos otros se sienten desvalorados si, además, no reciben atención personal. El e-mail no debe sustituir el contacto personal de los supervisores con sus supervisados. Aún en la era de Internet, *cultivar saludables relaciones humanas* sigue siendo una habilidad indispensable para el éxito de todo tipo de negocio.

Recomendaciones para los remitentes

Las siguientes recomendaciones tienen como base una conclusión general que se desprende de la segunda parte de este libro: El e-mail es un canal eficiente de comunicación cuando el remitente gerencia de manera adecuada el contenido de su mensaje, de acuerdo con sus intenciones y con las características propias de este medio:

1. En cada oportunidad que vayamos a escribirlo, vale la pena detenernos un instante para que verifiquemos que el envío de ese e-mail es mejor que una llamada telefónica o una conversación cara-a-cara. Como podemos verificarlo en nuestro día a día, los momentos en que mejor fluye la comunicación a través del correo electrónico son cuando los mensajes contienen información pura y simple, sin aspectos emocionales que sean suceptibles a malas interpretaciones.

2. Evite tener discusiones o "aclaraciones" por escrito. Esto siempre nos lleva a correr un gran riesgo de ser malinterpretados. Además, generamos procesos de intercambio de mensajes que resultan mucho más largos que una llamada telefónica o una conversación cara-a-cara. Si uno necesita transmitir expresiones fuertes *siempre* es mejor utilizar instancias de comunicación más directa. A las personas nos cuesta más "descifrar" la intención y las emociones escritas del remitente.

3. Las discusiones son naturales y necesarias en cualquier trabajo, pero lo que más nos conviene es tenerlas a través de otros medios y *enviar por e-mail solamente los acuerdos*. Esta es una práctica gerencial verdaderamente productiva. Así queda un respaldo escrito de lo más importante de cualquier discusión laboral y no se pierde tiempo valioso con e-mails que van y vienen, cuyo efecto principal es el deterioro de las relaciones entre compañeros de trabajo.

4. Cuando no haya más opción y sea inevitable "aclarar" un asunto por escrito, evite involucrar a terceras personas en el mensaje. No le envíe copia de su aclaratoria a otros destinatarios. Este factor "externo" puede convertirse en un elemento de distorsión de la intención de su mensaje a los ojos del destinatario principal. Los destinatarios tendemos a sospechar de la intención del remitente que busca aclarar un mensaje "frente al público".

En los casos en los que sea indispensable enviar copia de un mensaje a otras personas, produce muy buena impresión y resulta útil explicar las razones específicas por las cuales ese correo electrónico también es enviado a otras personas. Recuerde que lo que resulta "obvio" para usted como remitente, no lo es casi nunca para sus destinatarios. Así lo manifiestan entre sus quejas más frecuentes sobre los e-mails menos efectivos.

5. A menos que hayamos establecido previamente un acuerdo con nuestro interlocutor, el correo electrónico no es el medio de comunicación laboral más adecuado si se requieren respuestas urgentes. Siempre es mejor el teléfono. Recuerde: Nuestros e-mails no se abren en la mente del destinatario y además compiten con otros mensajes que le llegan, con otras actividades laborales y con sus propias prioridades.

Por otro lado, no confíe en el "aviso automático" de algunos programas de correos electrónicos, que le indican que el destinatario ya abrió su mensaje. Los destinatarios pueden desactivar fácilmente este recurso en el programa. Además, el que lo hayan abierto no quiere decir que hayan leído plenamente. Recuerde que producto del volumen de mensajes que debemos gerenciar, a veces abrimos un e-mail y simplemente lo "escaneamos", o nuestra lectura se interrumpe con llamadas telefónicas u otras actividades del trabajo. Apenas lo leemos o no lo terminamos de leer.

6. Los remitentes deben ser más explícitos con lo que esperan de sus destinatarios. Diariamente recibimos mensajes que no indican lo que debemos hacer, porque el remitente lo asume como "obvio". En muchas oportunidades esto origina molestias, porque el remitente piensa que su mensaje fue ignorado, cuando en realidad lo que ocurrió fue que el interlocutor no pudo identificar claramente lo que se esperaba de él. Por ejemplo, si el contenido sólo dice "Te anexo el reporte X", el destinatario no tiene por qué suponer que debe responder con su opinión sobre el reporte o que debe leerlo de inmediato.

En este sentido, otra buena práctica es que el remitente indique el tiempo que dispone el destinatario para responder ese correo electrónico, y cuando sea posible, lo explique positivamente. Esta información contribuye a que la persona que recibe el mensaje sienta que es tomada en cuenta con consideración y respeto por parte del remitente.

7. No utilice la dirección de correo electrónico de su empresa para enviar chistes, tarjetas de felicitaciones que no sean corporativas, fotos de la familia, o cualquier otro mensaje de carácter personal, con el que haya alguna posibilidad de arriesgar la imagen y la reputación de la empresa, frente a clientes, proveedores o compañeros de trabajo.

Si toma en cuenta el estrés generalizado por la cantidad de trabajo por hacer, o la incertidumbre por las posibilidades de recibir un virus y perder información, tendrá consciencia de lo fácil que es importunar a los destinatarios con mensajes demasiados privados a través del buzón de correo de la empresa. Lo recomendable es contar con una dirección privada de e-mail, para gerenciar los mensajes personales.

8. Para que sus e-mails reciban más atención por parte de sus destinatarios, vale la pena que tome en cuenta las "horas pico" en las que muchos revisan sus correos electrónicos: Primera y última hora del día (justo al llegar y antes de irse del trabajo); antes y después del almuerzo. Los mensajes que enviamos muy tarde en el día, al final de los viernes, o entre las horas pico, corren el riesgo de ser "pasados por alto" y terminar en la cola de los mensajes por leer para el destinatario, en donde también es más difícil que los vea.

9. Cada profesional debe desarrollar más competencias personales de redacción como una responsabilidad personal. Como dije en la primera parte de este libro, si no tenemos la debida preparación tendemos a escribir como hablamos y los resultados no son los mismos. Podemos ser muy eficientes con nuestra manera de expresarnos verbalmente, pero al hacerlo por escrito el mensaje puede ser confuso y difícil de leer. En la segunda parte de este libro le ofrezco abundante información sobre las claves paralingüísticas de la comunicación interpersonal.

Una referencia de buena redacción para los correos electrónicos es la del estilo periodístico bien escrito, el cual se caracteriza por abordar los hechos con objetividad, en forma balanceada, sin especulaciones o prejuicios y sin excesos de adjetivos sesgados.

10. Como remitentes, siempre debemos tomar en cuenta la estructura básica del procesamiento de los correos electrónicos ***antes de ser abiertos*** por parte de los destinatarios: El orden de los factores de consumo es el siguiente:

• Cuando los destinatarios están revisando la lista de los e-mails recibidos, antes de abrirlos, primero leen quién es el remitente.

• Si pueden identificar fácilmente el nombre del remitente, si lo conocen o les resulta familiar, después revisan el campo del "Asunto" o "Subject", que es el "título" del e-mail.

• Si el título del mensaje suscita algún interés, el destinatario pasará a ver si su nombre está en el respectivo campo. Si no ve su nombre, pierde interés en abrir el mensaje. Si ve el nombre de otra persona, se da cuenta que está en una lista y también pierde interés porque el mensaje no fue especialmente enviado a él.

De acuerdo con el modelo de "dieta selectiva" (explicado en la tercera parte de este libro), los destinatarios olfateamos estos tres elementos para determinar si damos el siguiente paso: Abrir el e-mail. Esta evaluación ocurre en muy pocos segundos, de manera que si la información no es clara, no se facilita la decisión.

Además, como parte de ese acto de "olfateo" (lo que Perolli denomina como "snifing act"), los ojos del destinatario, al mismo tiempo, hacen un "escan" del nombre y el título de los mensajes cercanos en la lista de su buzón de e-mail, para identificar si tiene otros mensajes más interesantes.

Sobre la estructura básica del e-mail

Considerando el proceso de consumo de los e-mails antes de ser abiertos, las siguientes recomendaciones están orientadas a que usted obtenga más posibilidades de atención, lectura, credibilidad y acción por parte de sus destinatarios:

- Muestre su nombre completo en el campo de remitente y no sólo su dirección de correo electrónico.

- Utilice un título para su e-mail que lo diferencie de los otros e-mails. Sea lo más específico posible y no tiene obligatoriamente que ser demasiado corto. El principio a tomar en cuenta para titular de manera eficiente su e-mail es: Si el destinatario no abre el e-mail, por lo menos se podría formar una idea de su contenido al leer el título.

- Muestre el nombre completo del destinatario y no utilice solamente su dirección de e-mail.

- Los mensajes escritos deben iniciarse con un saludo. Es un gesto básico de "buen hablante". Es una manera sencilla y eficiente para transmitir la intencionalidad positiva del mensaje. En las comunicaciones formales, el uso de "Estimado(a)" es un estándar de respeto. Si tiene más familiaridad con el destinatario puede usar expresiones más informales como "Hola". Los mensajes escritos sin un saludo inicial producen una sensación de rudeza en los destinatarios.

- Acompañe el saludo con el nombre del destinatario. Comunicacionalmente se obtiene mucha más atención positiva escribiendo "Hola Juan Carlos", o "Estimado Sr. Jiménez", que con un simple "Hola". El uso del nombre en el encabezado es una validación para el destinatario de que se trata de un mensaje especialmente dirigido a él. Si envía un mensaje a una empresa en la que no conoce a nadie podría decir "Estimados Señores de la Empresa Tal".

- En muchos casos no hace falta, pero en otros es fundamental, dejar por escrito una razonable expectativa de respuesta. El destinatario sentirá respeto y consideración si en el texto también lee: "¿Cuándo me puedes dar una respuesta sobre este asunto?", o "¿Es posible que me respondas mañana, o pasado a más tardar?"

Recuerde que una de las quejas más frecuentes de los destinatarios es que los mensajes no tienen explícitamente lo que se espera de ellos, especialmente en cuanto a los plazos de espera del remitente. Esto suele traer como consecuencia malas interpretaciones y discusiones que deterioran las relaciones laborales.

- Incluya una despedida que indique explícitamente al destinatario que ha llegado al final del mensaje y si existe una acción específica que debe tomar al respecto. Los mensajes que no tienen una despedida explícita nos producen la sensación de que el texto está incompleto y nos generan incertidumbre. No sabemos si el mensaje fue accidentalmente enviado antes de haber sido terminado. Además, a veces recibimos mensajes sin despedidas porque el remitente estaba muy apurado y de manera accidental hizo click sobre el botón "Enviar" antes de terminarlo (lo que también produce retrabajo).

- Es ideal firmar los mensajes de manera personal, especialmente los corporativos. Cuando nuestros destinatarios ven el nombre del remitente como firma, le prestan más atención al mensaje que cuando sólo ven el nombre de un departamento. La firma evidencia personalización y agrega credibilidad. Siempre escucho decir a la gente de las empresas con las que he trabajado: "Cuando llegan los mensajes corporativos sin firma, es como si no existiera nadie que quiera dar la cara. ¿Cómo tomarlos con más formalidad si ninguna persona asume su responsabilidad?"

Por otro lado, además de que el nombre le permite al destinatario verificar que el texto del mensaje está completo, el estilo de la firma tiene un significado para el destinatario. No es lo mismo utilizar sólo el nombre, que agregar el cargo y otros datos corporativos. En el primer caso se transmite más afinidad y en el segundo caso más formalidad. ¿Cuál es su intención?

Sobre los envíos a grupos o listas

La efectividad de los e-mails laborales que se envían a grupos, también está supeditada a algunos principios de mercadeo que hemos mencionado antes. Por ejemplo, los mensajes escritos que influyen mejor en la percepción de sus destinatarios son aquellos que están más segmentados y personalizados.

Las empresas tienen el reto de identificar los factores claves para segmentar sus públicos internos. De esa manera, podrá enviar correos electrónicos que mejor se ajustan al perfil, los intereses y las necesidades específicas de cada grupo de destinatarios. En términos prácticos, son esos mensajes los que reci-

From	Subject	To	Date Received ▼	Size
Agustín Manzanares	Respuesta a su solicitud de presupuesto	Juan Carlos Jiménez	1/15/08 7:21 AM	8.7 KB
Dpto Soporte Técnico	Asunto urgente pendiente	Todo el personal	1/17/08 8:28 AM	9.3 KB
rich-b-200@msn.com	Confirmando reunión mañana - 3 pm	jucar@cograf.com	1/20/08 9:15 AM	5.6 KB
JuanLeal@expres.com	Asuntos varios	Departamento	1/22/08 10:26 AM	14.8 KB
Dpto Operaciones	Próximos entrenamientos técnicos	Soporte Técnico	1/23/08 11:05 AM	292.4 KB
memory754@gmail...	En el texto	memory754@gmail...	1/25/08 12:45 PM	9.8 KB
Cepacex Centro 100	Ofertas de nuevos equipos de impresión	jucar@cograf.com	1/27/08 1:08 PM	7.6 KB
Dpto. Administración	A todo el personal	Todos	1/29/08 2:51 PM	12.9 KB
María Elena González	Reunión del Departamento: Presupuesto	Juan Carlos Jiménez	2/2/08 3:17 PM	25.8 KB
Dpto Administración	Reporte de gastos	pedro, maría, josé,...	2/3/08 4:29 PM	8.7 KB
imelda@yahoo.com.es	Solicitud de Informe de Gestión 2007	luis silva@cograf.com	2/5/08 5: 48 PM	9.3 KB
raquel101@hotmail...	Urgente	raquel101@hotmail...	2/7/08 6:05 PM	185.6 KB
Dpto Operaciones	Reporte inventario fin de semana pasado	Equipo Operaciones	2/8/08 7:21 AM	14.8 KB
Empresa Talex Inc.	En el texto	soporte@empresa.com	2/10/08 8:28 AM	32.4 KB
Nelson Altuve Pérez	Oferta pendiente sobre proyecto de abril	jucar@cograf.com	2/12/08 9:15 AM	9.8 KB
Oferta Impresoras	Información importante	Proveedores	2/13/08 10:26 AM	7.6 KB
peterlone@usa.net	Boletín	Lista Boletín	2/14/08 11:05 AM	12.9 KB
Reporte Financiero	Boletín de Febrero: Avances Resultados	Juan Carlos Jiménez	2/16/08 12:45 PM	25.8 KB
Dpto Operaciones	A todo el equipo	Ramón López, Gisela...	2/18/08 1:08 PM	8.7 KB
managonza@aol.com	Felicitaciones por los resultados del mes	Equipo	2/20/08 2:51 PM	519.3 KB
Recursos Humanos	Asistencia obligatoria	Empleados	2/23/08 3:17 PM	5.6 KB
Jacinto Perdomo C.	¿Recibieron mi solicitud de presupuesto?	Juan Carlos Jiménez	2/25/08 4:29 PM	14.8 KB
Compras y Logística	Normas	jucar@cograf.com	3/5/08 5: 48 PM	32.4 KB
Ramón Gaza Torrez	Situación sobre despacho: Cliente Global	jucar@cograf.com	3/6/08 6:05 PM	9.8 KB
Soporte Técnico	Notificación	info@cograf.com	3/7/08 8:28 AM	7.6 KB
Dpto. Servicio Cliente	Renueve su subscripción a tiempo	Juan Carlos Jiménez	3/8/08 9:15 AM	12.9 KB
Dpto. Administrativo	Te invitamos a nuevos entrenamientos	jucar@cograf.com	3/9/08 10:26 AM	25.8 KB

Esta imagen muestra los campos en la interfaz de un programa de correo electrónico, que facilitan su gerencia, de acuerdo a cómo las personas consumimos información. Antes de abrir y leer un e-mail, los destinatarios "olfateamos" la relevancia informativa de los siguientes componentes: Si es fácil identificar el nombre del remitente; si el título es explícito y significativo; y si vemos nuestro nombre en el campo del destinatario.

ben más atención y lectura, y los que tienen más posibilidades de generar la reacción esperada.

La gente que trabaja en departamentos corporativos de soporte general de las empresas, como administración, informática, recursos humanos, logística o compras, permanentemente deben enviar mensajes de carácter general para todos los empleados o buena parte de ellos. Muchos de esos e-mails reciben poca atención de sus destinaraios, precisamente por falta de segmentación y personalización.

Como hemos visto antes, por simple aplicación del modelo de "dieta selectiva" en la gerencia de la lista de correos electrónicos, los destinatarios están más pendientes de los mensajes en los que pueden identificar su nombre completo y el del remitente. Siempre tendrán la tendencia a dejar para después o ignorar los mensajes cuyo destinatario es, a manera de ejemplo: "A todo el personal".

La condición ideal de personalización de un correo electrónico enviado a un grupo de compañeros de trabajo es que a cada destinatario le llegue por su nombre y también pueda ver su nombre en el encabezado del mensaje. En este sentido, los remitentes tenemos el reto de organizar tantas listas como sean necesarias, con la debida segmentación de los destinatarios, de acuerdo con los temas, áreas de interés, proyectos, etc.

Casi todos los programas para gerenciar el correo electrónico cuentan con recursos para organizar esas listas. Solicite ayuda al respecto en su departamento de informática. Si su caso es muy especial, por la cantidad de grupos a los que debe enviar e-mails, a lo mejor necesita desarrollar bases de datos de destinatarios y un sistema segmentado de envíos personalizados.

Por otra parte, no utilice el correo electrónico para enviar "amonestaciones" o "reclamos" a grupos de destinatarios. La manera adecuada para llamar la atención de un empleado o supervisado es en forma directa y personalizada. Cuando se hace de manera grupal e indiscriminada, uno termina siendo muy injusto con los inocentes del grupo.

En cambio (y como es de esperarse) las felicitaciones escritas a los equipos de trabajo tienen un impacto muy positivo en la moral de sus miembros y en su sentido de identidad con respecto al grupo.

Cuidado con las direcciones de los grupos

Si es verdaderamente indispensable para usted enviar un mensaje a una lista particular de destinatarios, ponga las direcciones electrónicas de los mismos en el campo "Bcc" (abreviación en inglés de "blind carbon copy", traducible a "con copia oculta"). De esta manera evitará que esas direcciones queden expuestas a la vista de todos los que reciben el mensaje, lo cual tiene los siguientes beneficios:

• Se impide que esas direcciones lleguen a las manos inescrupulosas e irresponsables de los productores de "spam".

• Se impide las posibilidades de que alguno o varios de esos remitentes seleccione por accidente la opción de responder a todos y se generen mensajes innecesarios.

• Se evita que alguno de los destinatarios piense que fue una gran imprudencia e irresponsabilidad por parte del remitente exponer su dirección privada de e-mail frente a personas que no conoce.

Cuando tenga la imperiosa necesidad de compartir con regularidad ciertos tipos de mensajes con grupos de destinatarios (entre quienes hay personas que no se conocen), vale la pena que seriamente considere la utilización de servicios gratuitos como los de "Yahoo Groups". Un recurso así contribuye a prevenir los riesgos negativos que he descrito antes, por hacer envíos indiscriminados de correos electrónicos a listas.

Adicionalmente, si va a renviar un mensaje que le ha llegado a usted como parte de una lista de destinatarios, y en el que se pueden ver sus direcciones de e-mails, tome la precaución de eliminarlas para que no puedan ser vistas por el(los) nuevo(s) destinatario(s).

Ejemplos frecuentes de títulos de e-mails, demasiado comunes, ambiguos, sin distinción, difíciles de diferenciar y muy poco atractivos para la atención de los destinatarios:

* En el texto
* Asuntos varios
* Asunto urgente
* Temas pendientes
* Urgente
* Contacto
* Pregunta
* Respuesta

* Para tu información
* Solicitud de información
* Información solicitada
* Atención
* Comunicado
* Información para todos
* Lee esto
* (Sin título)

Los mensajes con direcciones visibles son una de las principales fuentes originarias de "spam" y de inseguridad.

Recomendaciones sobre redacción

En varias oportunidades he señalado la importancia de que todos los profesionales tomemos la iniciativa de mejorar nuestras habilidades de redacción. Sólo así podremos ser más precisos en nuestros mensajes escritos, podremos generar más interés en ser leídos y tendremos más oportunidades de que su contenido sea más fácilmente comprendido.

Hace una década, parecía exagerado decir que una persona sin conocimientos mínimos de Office (Microsoft) tendría mucha dificultades para conseguir trabajo, lo que hoy es una realidad. Así que a lo mejor igual suena exagerado decir que en 5 años también será difícil obtener trabajo si no se cuenta con óptimas habilidades para comunicarse eficientemente por escrito (recuerde que saber escribir no significa saber comunicarse).

En este sentido, es indispensable ampliar el vocabulario y mejorar la forma de estructurar y presentar la información, para lo cual, entre otras cosas hay ciertas condiciones:

• Asista a cursos y seminarios sobre redacción. No importa si parecen muy sencillos y básicos. Si puede haga posgrados sobre comunicación social, con énfasis en periodismo escrito. Por la objetividad y amplitud que lo debe caracterizar, el estilo perio-dístico es un buen ejemplo de redacción a seguir.

• Tenga a mano libros prácticos y guías de redacción del tipo: "Me-jore su castellano en 30 días", de Fortunato Brown; o "Manual de Estilo" del diario El Nacional; o el prestigioso "Curso de Redac-ción" de los profesores Vivaldi y Pérez. Son recursos que permi-ten hacer mejoras de redacción en términos inmediatos.

• Cuando lea, aprenda a diferenciar la estructura y la redacción de los textos escritos más fáciles de comprender. Entre otras cosas, las ideas fundamentales de esos textos son más fáciles de recor-dar. De esta manera tendrá más consciencia crítica de los textos que usted redacte en sus e-mails.

• Es esencial contar en el puesto de trabajo con un buen dicciona-rio general y uno mejor de sinónimos. Ambos son indispensables para ampliar el vocabulario. La Real Academia Española ofrece un servicio fantástico en www.rae.es, y un servicio muy útil es el de www.sinonimos.org. Por supuesto, hay muchos otros sitios web con el mismo sentido.

Ampliar permanentemente el vocabulario es el camino que nos permite superar las muletillas y los lugares comunes y nos ayuda a no sonar repetitivos o retóricos. En otras palabras, mientras más vocabulario tengamos, menos "blah blah blah" escribimos. Pero tenga cuidado, algunas personas utilizan su vocabulario para escri-bir de manera incomprensible. El objetivo de tener un vocabulario más amplio no es demostrar que sabemos palabras "domingue-ras", sino contar con los recursos para comunicarnos de la manera más simple y eficiente.

Adicionalmente, pruebe la efectividad del contenido de sus co-rreos electrónicos aplicando las siguientes recomendaciones es-pecíficas:

1. Utilice un e-mail por cada asunto o tema que necesite tratar. Esto le da ventajas importantes:

• Le permite que el texto del "Asunto" sea más específico y dife-

---

Alternativas de títulos eficientes de correos electrónicos
*El principio es que si el destinatario no abre el e-mail,
por lo menos se entera de qué se trata*

Título Ambigüo: Reunión
Título Preferible: Reunión el lunes 18, 2pm, sobre el presupuesto.

TA: Reunión urgente
TP: Reunión con el Jefe, mañana martes, 9 am.

TA: Necesito información
TP: ¿Puedes darme el número de teléfono de la empresa X?

TA: Solicitud de información
TP: Necesito informe X para mañana antes de las 10 am

TA: Reporte importante
TP: Anexo reporte de ventas de la semana pasada

TA: Información solicitada
TP: Anexo presupuesto de producción del proyecto X

TA: Reunión corporativa
TP: Encuentro de gerentes de contabilidad. Jueves 20, 5 pm. Auditorio.

TA: Presentación
TP: Láminas de la presentación que vimos ayer en la tarde

TA: Pregunta
TP: ¿Recibieron reporte de horas extras de la semana pasada?

TA: Información para todos
TP: Nuevas reglas sobre el uso del uniforme corporativo

---

renciable y ayuda también a que no utilice títulos tan lamentables como: "Asuntos varios" o "En el texto".

- Le simplifica el proceso de redacción del mensaje para que sea más comprensible.

- Le facilita el seguimiento de un tema determinado en las listas de su buzón de correo electrónico.

2. Por las mismas razones anteriores, si necesita abordar varios asuntos en un mismo e-mails es recomendable agruparlos bajo un solo tema específico. Este criterio le ayudará a estructurar la información de manera más eficiente para ser consumida por el destinatario.

3. Escriba sus ideas en oraciones que tengan como máximo de 15 a 20 palabras. Son las más fáciles de comprender. Esto se debe a la forma "escaneada" que tenemos de leer. No procesamos letra por letra, ni palabra por palabra, sino que cuando nos fijamos en ellas las agrupamos en un vistazo. Luego de una fijación, nuestros ojos "saltan" hacia la siguiente palabra o grupo de palabras. Después de repetir esto una o dos veces, hacemos una pausa para comprender la frase a simple vista.

Es de advertir que uno de los errores más frecuentes en la comunicación escrita es el uso de oraciones muy extensas, por exceso de acotaciones. Entre otras cosas, las oraciones demasiado largas son consecuencia del mal uso de los signos de puntuación y del escribir como uno habla. No poder identificar las debidas pausas, hace que al lector le cueste más identificar la idea principal y diferenciarla de las secundarias.

4. Presente una sola idea por párrafo. Existe una máxima en redacción que aconseja: "En cada línea un dato, en cada párrafo una idea". Esto además lo puede ayudar a que escriba oraciones más precisas y cortas. Lo que a su vez facilita el "escaneo" de la lectura y hace que el mensaje tenga más posibilidades de ser comprendido.

5. Después del saludo, vaya al grano con la primera oración. No necesita giros estereotipados como: "Por medio de la presente...". Trate de transmitir la esencia de su mensaje en esta primera oración. Esto puede llegar a determinar la motivación suficiente para que el destinatario siga leyendo o no. Ellos aplican invariablemente la "dieta selectiva" en la primera oración. Si olfatean "blah, blah, blah", van a dejar de leer su mensaje.

6. Puntualizar o enumerar los textos en ciertos casos ayuda a que el lector focalice mejor la idea contenida en cada punto.

Ejemplo de texto mal puntualizado y sin pausas:

Buenas tardes gusto en saludarle le escribo para conocer un poco más acerca de los beneficios laborales sobre los que conversamos la semana pasada en la reunión del equipo con los ejecutivos representantes del departamento de recursos humanos de toda la información suministrada ese día no me quedó clara la parte relacionada con el cálculo de las horas extras trabajadas en días festivos espero su respuesra gracias.

Ejemplo del mismo mensaje con la debida puntuación:
(Contenido más fácil de "digerir")

Estimado Sra. González,

Buenas tardes y gusto en saludarle.

Le escribo para solicitar más información sobre los beneficios laborales que conversamos la semana pasada en reunión con representantes de recursos humanos.

Me gustaría saber más sobre la forma de calcular las horas extras trabajadas en días festivos.

Estaré pendiente de su respuesta.

Gracias por su atención.

Carlos Colmenares

Con esto le facilita al destinatario que "escanee" el contenido de su correo electrónico.

7. No abuse del envío de archivos anexos (Ej. archivos en Word o Power Point), especialmente si son muy pesados. Los destinatarios los perciben como "trabajo extra". Mientras más tarden en "bajar" al buzón del destinatario, mayor será su sensación de saturación, desconsideración o fastidio.

Recuerde que una de las cosas que más disgusta del e-mail son las cadenas y el "spam". Ambos con frecuencia están acompañados de archivos anexos, que representan potenciales riesgos de virus informáticos. De manera que la primera impresión sobre los archivos anexos no suele ser muy positiva.

8. En ciertos casos resultan mucho más considerados y eficientes los mensajes del tipo: "Fulano, tengo una presentación en Power Point que puede ser muy interesante para ti por tales razones... No te la envié porque pesa tantos megas... Avísame si te interesa y te la hago llegar de inmediato".

9. No escriba palabras o frases en mayúsculas, a menos que quiera que sean interpretadas como gritos. Si necesita destacar una palabra o una expresión para darle más énfasis, es preferible el <u>subrayado</u> o el uso de color. Además, ciertas cantidades de texto escrito en mayúsculas son mucho más difíciles de leer.

Como indico al principio de este libro, escribir palabras o frases en mayúsculas se convirtió en símbolo de grito, como una alternativa tipográfica para compensar a falta de códigos no-verbales y emociones en la comunicación escrita.

10. No agregue adornos visuales innecesarios a sus correos electrónicos de trabajo: Le restan seriedad y formalidad al mensaje, pone en riesgo su imagen profesional y también arriesga la imagen de su empresa. Los muñequitos que inocentemente se anexan en mensajes escritos desde servicios gratuitos de e-mail (como Hotmail), pueden resultar muy irónicos e inconsistentes como parte de un mensaje serio de negocios.

Cuando los mensajes son muy extensos

A veces es inevitable que tengamos que escribir mensajes extensos. Bien sea por el tema, la complejidad del asunto a tratar, o cualquier otra razón. En estos casos, le recomiendo las siguientes ideas para que usted pueda lograr mejor sus objetivos de comunicación, aún siendo un e-mail muy largo:

1. Utilice el método de la "Pirámide Invertida" para la redacción: Comience con la conclusión, con la idea principal o con un resumen sumarial. Se trata de un texto parecido al primer párrafo de muchas noticias (conocido como "lead"). Este recurso le ofrece al destinatario la valiosa ventaja de darse una idea del contenido del mensaje y determina si es suficiente, o si lo lee en el momento, o lo deja para después.

2. Utilice subtítulos a lo largo del mensaje. Estos son elementos claves para que el destinatario pueda hacer pausas necesarias en la lectura para procesar el texto. Además, facilitan el "escaneo" del mensaje. Es decir, los subtítulos en mensajes muy largos ayudan a que el lector se dé una mejor idea del contenido con sólo un vistazo.

3. Los subtítulos en el texto hacen las veces de "capítulos". Si el texto de un subtítulo genera interés, el destinatario olfateará la primera oración del primer párrafo después de ese subtítulo. Presente allí la idea más importante de ese punto.

Como puede ver, la mayoría de las recomendaciones de redacción están orientadas a facilitar el proceso natural a través del cual las personas leemos: Vamos olfateando y hurgando datos con los cuáles decidimos hasta dónde avanzamos en el proceso de búsqueda y consumo de información.

Recomendaciones para los destinatarios

Los destinatarios nos jugamos nuestra reputación como profesionales al ignorar o no los e-mails que recibimos, o al responder o no los que nos tocan atender directamente. Frente a clientes, proveedores y compañeros de trabajo generamos percepciones (positivas o negativas) con lo que hacemos o dejamos de hacer. Siempre estamos ejerciendo una influencia en la opinión que tienen de nosotros.

Por ello, la gerencia del e-mail se ha convertido en un reto, cuya importancia aumenta con el paso de los días: La tendencia es que aumente el número de mensajes diarios por atender en el mismo tiempo. Pero no contamos con más horas al día, ni días de semana para leer y escribir más correos electrónicos. ¿Cómo hacemos?

En este marco, es legítimo que como destinatarios ignoremos por completo toda la basura que llega a nuestros buzones, sin leerla. Si para nosotros no es pertinente un correo electrónico, no vale la pena invertir ni un segundo en él. Así que no piense que le voy a decir que le preste alguna atención a esos mensajes "por buena educación" o "buenos modales". Nada de eso.

Sin embargo, necesitamos una perspectiva diferente de los mensajes que nos envían los clientes o nuestros compañeros de trabajo. Personas que conocemos y nos interesan, por el bien de la relación laboral que tenemos con ellas. Si no nos parecen fáciles de leer, o tienen muchas faltas ortográficas, o nos llegan con demasiada frecuencia, debemos compartir estas inquietudes con ellos. Si sólo los ignoramos y respondemos con silencio, no contribuimos positivamente con la relación laboral.

En los equipos de trabajo hay un acuerdo tácito de atención y respeto, cuando hablamos cara-a-cara o por teléfono. Cuando no se cumple nos sentimos desvalorados. ¿Acaso no nos toca aplicar ese mismo sentido de atención y respeto al correo electrónico? Por ejemplo, al recibir cierto tipo de información, es un gesto básico de cortesía profesional responder al menos con: "Hola Fulano. Mensaje recibido. Gracias. Firma".

Cuando recibimos e-mails que "inevitablemente" debemos responder, pero en ese momento no contamos con el tiempo, hay alternativas de respuestas que contribuyen a salvaguardar la afinidad emocional básica que nos vincula con nuestros compañeros de trabajo. Por ejemplo, podríamos decir: "Hola Fulano. No puedo responderte en este momento, pero quería que supieras que estoy al tanto de tu solicitud. Te enviaré mi respuesta en X tiempo. Saludos. Firma".

En otros casos, la comunicación se canaliza de manera más positiva y más fluida, si esa breve respuesta incluye una pregunta clave en la perspectiva de atención al cliente interno. Por ejemplo: "Hola Fulano. No puedo escribir mucho en este momento. ¿Para cuándo necesitas mi respuesta? Saludos. Firma". De esta manera y en menos de 15 segundos el remitente no se sentirá ignorado, ni "torturado" por la sensación de incertidumbre que produce no saber absolutamente nada del destinatario. Hasta tanto no sea roto, el silencio a un e-mail es también una respuesta, que puede significar angustia, decepción o hasta desprecio. El silencio es un mensaje.

Por supuesto, todo esto cobraría aún más sentido si al mismo tiempo los remitentes dejaran de enviar tantos e-mails "urgentes", y si fueran más precisos en sus mensajes incluyendo de manera explícita el tipo de respuesta que esperan de sus destinatarios, o el tiempo que ellos disponen para realizarla. Pero mientras eso ocurre, usted cuenta con opciones de respuesta para proteger su capital relacional, que sólo requieren de 10 a 15 segundos de tiempo.

No responda mensajes hostiles

Por favor, permítame recordarle, una vez, más que no caiga en la tentación de responder de manera intempestiva mensajes con los que se sienta "atacado" o "delatado", o cualquier otro mensaje que le haga sentir enojo o desilusión. Canalizar esas reacciones a través de un correo electrónico produce efectos colaterales muy negativos en el 100% de los casos. Si tiene alguna duda, por favor, vuelva a leer con detenimiento toda la tercera parte de este libro.

Sin embargo, podría aprovechar la energía creativa que puede generar el malestar por el mensaje recibido:

1. Escriba su respuesta y no la envíe. Desahóguese. Se sentirá mejor y eso es justo. Pero antes de hacerlo elimine el nombre del destinatario para que no corra el riesgo de que accidentalmente envíe el e-mail.

2. Deje reposar lo que escribió y léalo por lo menos 12 horas más tarde. Verá que su malestar no es igual. Su perspectiva de lo que en un principio le hizo sentir muy mal, o irrespetado, variará.

3. Elimine del mensaje todo el material emocional que sea suceptible a ser malinterpretado, quédese sólo con los hechos y con lo que usted sí puede hacer para contribuir a solucionar la situación que le dio origen a ese e-mail.

4. Utilice el texto final que le ha quedado como guión de conversación para la llamada telefónica o la conversación cara-a-cara que le permitirá abordar la situación de manera sustancialmente más eficiente. Así ganará tiempo mientras protege su reputación profesional.

Es difícil hacer "aclararatorias" por escrito

Con los e-mails de "aclaratoria" suele ocurrir algo similar a lo que pasa con las respuestas a mensajes hostiles. Cuando las aclaratorias contienen material emocional, es sumamente difícil que sean eficientes. A tal punto que entre comunicadores expertos hay un refrán que se utiliza con frecuencia: "No aclares que enturbias".

Las aclaratorias de información pura y simple, casi no encuentran dificultades para ser eficientes. Por ejemplo, no corre riesgos de malinterpretación un mensaje que diga algo así como: "Fulano, la reunión de mañana no es a las 9 am sino a las 3 pm Por favor, disculpa las molestia". Pero la lectura puede ser muy diferente si la aclaratoria contiene material emocional. Caso típico: "Mi intención no era...", o "Lo que quise decir fue...".

Cuando enviamos un correo electrónico y su contenido ha sido malinterpretado, sin querer uno genera una predisposición que es muy difícil desmontar por escrito. La mayoría de las malas interpretaciones se originan en la especulación que hace el destinatario de la intención del remitente y por los contenidos no-verbales del mensaje que no puede captar. En tal sentido, las posibilidades de aclaratoria son mayores a través de cualquier otro canal de comunicación verbal, como una llamada telefónica o una reunión cara-a-cara.

Si le resulta ineludible la necesidad de hacer una aclaratoria a través de un e-mail, es recomendable también que no le envíe copia a otros destinatarios, porque es un factor adicional que puede ser malinterpretado. Con esto es muy posible que el destinatario sienta una presión adicional que no facilita la comprensión de la aclaratoria.

Gerencia operativa de su posición como destinatario

- Si es su caso, desactive la alarma automática de la bandeja de entrada en su buzón de correo ("inbox"). De esa manera evitará interrupciones indiscriminadas y reducirá el estrés que produce el efecto de anuncio de cada mensaje que llega. Es preferible revisar su bandeja de entrada manualmente, cada cierto tiempo que usted mismo determine, según sus necesidades.

Las personas que utilizan servicios gratuitos de "web-mail", como Gmail, Hotmail o Yahoo (entre otros) no disponen de una alarma automática que avise el arribo de nuevos mensajes. Ellos deben "refrescar" la página web para darse cuenta de ello.

• Organice los mensajes en su programa de e-mail por carpetas, de acuerdo a temas, remitentes, proyectos, u otros criterios personales. Este orden de archivo le ayudará a ganar tiempo cuando necesite hacerle seguimiento a mensajes y proyectos específicos, además ayuda también a determinar cuáles correos electrónicos atender con prioridad.

• Utilice los "filtros" y "reglas" en las preferencias de su programa de correo electrónico. Estos permiten distribuir los e-mails que recibe (antes de ser leídos) en las carpetas previamente determinadas. Así, puede destacar más los mensajes de mayor interés.

Si uno recibe muchos e-mails, la lista indiscriminada de mensajes pendientes por ser atendidos tiende a producirnos ansiedad. Pero esos filtros nos ayudan de manera automatizada a que podamos establecer más fácilmente un orden y una prioridad para revisar los e-mails recibidos.

• Si recibe un correo electrónico cuyo contenido es importante, pero con un título demasiado escueto o general (Ej. "En el texto"), edite el título del mensaje para que sea más preciso cuando usted responda. Eso aumentará las posibilidades de que la persona que le escribió encuentre su respuesta más fácilmente. Además, los títulos que tienen una relación más específica con el contenido del mensaje nos ayudan a que posteriormente podamos hacerle seguimiento de forma más rápida.

En este mismo sentido, si recibe un e-mail con el ambiguo título: "Asuntos varios", puede ser conveniente responder cada asunto en un mensaje separado, y a cada respuesta darle un título particular. Así se agiliza el trabajo de seguimiento y redacción, tanto para el remitente como para el destinatario.

• No responda mensajes con textos parecidos a: "Nuestros servidores han sido actualizados... Nuestros sistemas de seguridad han sido temporalmente suspendidos y vuelven a estar estables... Nos vemos en la obligación de pedirle su colaboración para una rápida restauración de los datos en las nuevas plataformas... Conéctese a...". Se trata de sofisticados mecanismos tecnológicos para "pescar" direcciones de correos electrónicos y otro datos. Una práctica ilegal conocida como "fishing". Inclusive, si usted conoce al remitente, no los responda. Si usted está registrado en una página web que necesita actualizar sus datos, el procedimiento más legítimo será que la página se lo pida cuando la visite y no a través de un correo electrónico.

En el caso de los correos electrónicos corporativos, lo más recomendable es que la empresa determine procedimientos específicos de seguridad, que sean completamente diferentes a las prácticas de "phishing".

• Tampoco atienda los mensajes "spam" que tienen indicaciones como: "Si no desea continuar recibiendo estos mensajes haga click aquí", o "Si desea ser removido de esta lista haga click aquí". Por más agotado que esté de estos mensajes, no los responda. De lo contrario, usted validará su dirección electrónica a quién le ha enviado el "spam" y recibirá más basura en el futuro.

• Si usted va a pasar mucho tiempo sin revisar su buzón de e-mail, bien sea por vacaciones o cualquier otra razón, es oportuno que contemple dejar una respuesta automatizada, que le indique a las personas hasta cuándo usted va a estar ausente y a qué otra persona se puede contactar en caso de emergencia.

¿Cuál es el criterio para determinar cuánto es "mucho tiempo"? Depende de la cantidad de mensajes que reciba diariamente que requieran atención inmediata. Pero como punto de partida, 5 días ausencia (sin incluir días de semana) son suficiente para optar por una respuesta automatizada.

Sin embargo, si usted ya recibe muchos mensajes "spam", a lo mejor no le conviene tener una respuesta automatizada, porque la misma puede ayudar a validar su dirección de e-mail, y en el futuro recibirá más correos basura.

QUINTA PARTE
Comentarios finales

El correo electrónico ha estado incidiendo y cambiando la forma en la que la gente se comunica y se relaciona, tanto en el trabajo como en el resto de los ámbitos de su vida. Estos cambios se potencian culturalmente con la intervención de otras tecnologías que conviven haciendo sinergia con el e-mail: Los dispositivos móviles (como teléfonos celulares y "Blackberry's") y la infinidad de servicios propios de la "World Wide Web", por sólo mencionar algunos.

Sin embargo, las necesidades de los seres humanos siguen siendo las mismas. La gente utiliza todas estas tecnologías porque necesita comunicarse (eficientemente) o recibir información; necesita ser escuchada o leída y ser diligentemente atendida; necesita ser tomada en cuenta, ser respetada o ser apreciada. Pero, si estos recursos tecnológicos no son utilizados con más consciencia los efectos pueden ser contraproducentes.

Un buen ejemplo de ello son las personas inteligentes y preparadas que en una reunión de trabajo con colegas o supervisados, pasan la mayor parte del tiempo revisando los mensajes en su dispositivo móvil. ¿Cómo se sienten las otras personas presentes en la reunión cuando esto ocurre y se convierte en una especie de estándar de las relaciones laborales? ¿Acaso no se ha estado institucionalizando en las empresas una cultura donde el individualismo cada día atropella más al "trabajo en equipo"?

Vea la cara de sorpresa que pone la gente si antes de una reunión usted saca su teléfono y lo apaga, o lo pone en "modo vibrar", para dedicarle la mejor calidad de atención posible a la conversación. Vea la cara de las personas que en una reunión nos hablan mientras uno escribe mensajes en el celular, auto-justificándose porque uno es "multi-tasking" y puede hacer todo eso al mismo tiempo. Por supuesto, uno puede hacer muchas cosas a la vez, pero las probabilidades de hacerlo mal son muy altas y las de herir a los presentes también.

Creo firmemente que el balance de la utilidad del correo electrónico es sustancialmente positivo. No tengo la más mínima duda de sus beneficios. Pero me preocupa mucho a dónde puede llegar por el abuso de la tecnología. Ésta es una inquietud similar a la que cualquier persona puede tener sobre la modernidad y el desarrollo. Por ejemplo: "Me encanta el confort pero no quisiera que parte del precio sea el recalentamiento global".

Para quienes dependemos profesionalmente del e-mail, el "spam" se ha vuelto una terrible amenaza. Sí, terrible, parecida a la contaminación ambiental o la inseguridad personal en las ciudades modernas. Necesitamos fomentar con urgencia más consciencia sobre este peligro que no tiene nada de virtual. El abuso arbitrario de las direcciones de correo ha generado una industria mundial de abuso, que todos los días pone en riesgo el funcionamiento de Internet.

¿Cuántos e-mails de altísima importancia usted no ha perdido, porque los borró sin darse cuenta, mientras eliminaba "spam" en su buzón de correo, harto de este abuso? ¿Cuántas oportunidades de negocio ha perdido porque no recibió el e-mail de su cliente, debido a que su buzón colapsó por culpa del "spam"? ¿Cuántos mensajes importantes para usted y su familia no se han perdido porque las redes de Internet estaban colapsadas por el "spam"?

Es lógico que nuestros interlocutores exijan más

Por otro lado, cada día escucho más a excelentes profesionales de recursos humanos comentar: "¿Cómo es posible que los empleados cada vez presten menos atención a los e-mails corporativos?; ¿Qué podemos hacer?". Pero, muchas veces he visto que esos mensajes se caracterizan por tener un lenguaje impersonal y frío, como el que se utilizaba (o se utiliza) en ciertos "Memos". Por lo cual tengo que responder: "¿Pero, tú no querías empleados críticos y proactivos?"

La generación de profesionales formados en el marco del auge de Internet se han formado con un gran espíritu libertario al tener acceso a servicios e información que antes de la web eran impensables. Los componentes emocionales de esa experiencia, desarrollan una gran sensibilidad al trato impersonal. Lo que en parte explica la irreverencia que producen los mensajes corporativos que tienen cierto "aroma" de autoritarismo, frialdad o despersonalización. Afrontémoslo: Quienes utilizamos intensamente el correo electrónico en el trabajo diario somos menos receptores pasivos. Contamos con innumerables puntos de comparación de correos electrónicos que nos hacen sentir mejor. Por otro lado, las posibilidades y la libertad asociada al "teletrabajo" también nos estimula el desarrollo del sentido crítico.

Es verdad que contamos con mejores recursos tecnológicos para generar y procesar más información, pero la cantidad de tiempo disponible para hacerlo es la misma. Una paradoja similar a la del tamaño de los teléfonos celulares: Pueden ser más pequeños, pero hay un punto en que resulta imposible marcar sus teclas o muy incómodo manejarlos. El precio por la reducción ilimitada del tamaño puede ser demasiado alto.

Creo que el uso del correo electrónico en los negocios también tiene sus limitaciones. Una buena evidencia es el altísimo precio que se paga al responder mensajes hostiles o al tener discusiones escritas sobre aspectos cargados de mensajes emocionales no-verbales. ¿Acaso con esto no afectamos también la calidad de vida en el trabajo?

El e-mail no comunica: Es sólo un medio

Con el correo electrónico como herramienta, informar no significa que automáticamente nos estamos comunicando con nuestros destinatarios. El proceso de comunicación puede considerarse consumado en la medida en que logremos que el destinatario reaccione en concordancia con nuestros objetivos. El e-mail no comunica, el que comunica es usted.

Todos los campos de información que conforman un correo electrónico tienen significado para el destinatario. Desde la hora en que fue enviado el mensaje hasta cómo fue firmado. Cada uno de esos elementos ejerce un grado de influencia en nuestra percepción de cada e-mail. Esa influencia refleja también el grado de efectividad de nuestro esfuerzo comunicacional.

La posición de remitente es la que tiene más responsabilidad de generar bidireccionalidad en la comunicación escrita a través de la computadora. Es la posición desde donde se crean las condiciones de la interactividad y sus estímulos.

Las posibilidades de efectividad son muy bajas si enviamos correos electrónicos envueltos en la investidura del cargo corporativo. Pero, pasa lo contrario cuando nos comunicamos buscando nutrir la legitimidad de nuestro liderazgo personal, porque escribimos con más humildad y sentido de asertividad.

Los e-mails que enviamos llegan al punto máximo de influencia positiva en nuestros destinatarios cuando los escribimos con una perspectiva comprometida con la excelencia en la atención y el servicio a los clientes. Este enfoque nos proporciona una visión más creativa para construir respuestas (escritas y no escritas) orientadas a ayudar a nuestros interlocutores.

He querido hacer un libro sobre un tema condicionado por la tecnología, intentado abordarlo de manera tal que los cambios tecnológicos diarios no dejen sin vigencia el contenido. Por favor, permítame saber cuánto cree usted que he logrado mi propósito, escribiendome un comentario a mi e-mail "Juan Carlos Jiménez < jucar@cograf.com > ".

Bibliografía

Libros:

Brown, F. (1982). Mejore su Castellano en 30 días. (8va Edición). Venezuela: Ediciones Brown.

Chase, M. & Trupp, S. (2000) Office Emails That Really Click. (Edición 2000). USA: Aegis.

Hernández, R. & Navarrete, L. (1998). Manual de Estilo. (7a Edición). Venezuela: El Nacional.

Gladwell, Malcolm (2006). Inteligencia Intuitiva. México: Santillana Ediciones Generales.

Jiménez, Juan Carlos (2006). Mercadeo.com: Apuntes prácticos sobre imagen, mercadeo y ventas para empresarios y gerentes. (2a Edición). Venezuela: Cograf Comunicaciones.

Knapp, M.L., & Hall, J.A. (2006). Nonverbal Communication in Human Interaction. (6ta Edición). Canadá: Thompson Wadsworth.

Mehrabian, A. (1972). Nonverbal Communication. (Edición 2007). USA: Aldine Transaction.

Mehrabian, A. (1971). Silent Messages: Implicit Communication of Emotions and Attitudes. (2da Edcición). USA: Wadsworth.

Nielsen, Jakob (2000). Designing Web Usability: The Practice of Simplicity. USA: New Riders Publishing.

Ries, A., & Trout, J. (2001). The Marketing Classic Positioning: how to be seen and heard in the overcrowded marketplace. (Edición 2001). Estados Unidos de América: McGraw-Hill.

Updegraff, R.R. (1916). Obvious Adams: The Story of a Succesful Businessman. (60a Edición). USA: The Updegraff Press.

Vivaldi G.M., & Pérez A.S (2000). Curso de Redacción: Teoría y Práctica de la Composición y del Estilo. (33a Edición). España: Thompson Paraninfo.

Documentos y otras publicaciones:

Bos, N., Olson, Judy., Gergle, D., Olson, G., & Wright, Z. (2002). Confidence and Trust. Effects of Tour Computer Mediated Communications Channels on Trust Development. Electronic Work Research, USA: University of Michigan.

Burgues, A., Jackson, T., & Edwards, J. (2005). Email Training Significantly Reduces Email Defects. *International Journal Of Information Management*. Uk: Loughborough University.

Connell, J.B., Mendelsohn, G.A., Robins, R.W., & Canny, J. (2001). Effects of Communication Medium on Interpersonal Perceptions: Don't Hang Up on the Telephone Yet! USA: San Diego, University of California.

Dabbish, L.A., & Kraut, R.E (2006). Email Overload at Work: Analysis of Factors Associated with Email Strain. Carnegie Mellon University Human-Computer Interaction Institute. USA: Pittsburgh, PA.

Dabbish, L.A., Kraut, R.E., Fussell, S., & Kiesler, S. (2005). Understanding Email Use: Predicting Action on a Message. Paper; Email and Security. USA: Pittsburgh, PA.

Danis, C., Kellogg, W.A., Lau, T., Stylos, J., Dredze, M., & Kushmerick, N. (2005). Managers' Email: Beyond Tasks and To-Dos. Late Braking Results: Posters. USA and Ireland.

De Pillis, E., & Furumo, K. (2007). Virtual vs. Face-to-Face Teams: Deadbeats, Deserters, and Other Considerations. University of Hawaii at Hilo. Hawaii.

Dewett, T. (2003). Understanding The Relationship. *Creativity Research Journal*, Vol. 15, 2 & 3, 167-182.

Duane, A., & Finnegan, P. (2005). Managing Email Usage: A Cross Case Analysis of Experiences with Electronic Monitoring and Control. Ireland: Cork City, Waterford City.

Ducheneaut, N., & Bellotti, V. (2001). Email as Habitat. An Exploration of Embedded Personal Information Management.

Epleya, N., & Krugerb, J. (2004). When You Type Isn't What They Read: The Perseverance Of Stereotypes And Expectancies Over Email. *Journal Of Experimental Social Psychology*. USA: University of Illinois.

Fisher, Danyel., Brush, A.J., Gleave, E., & Smith, M.A. (2006). Revisiting Whittaker & Sidner's "Email Overload" Ten Years Later. Microsoft Research.

Friedman, H.S. (2007). The Relative Strength of Verbal vs. Nonverbal Clues. *Personality and Social Psychology Bulletin*. SAGE Publications.

Handcock, J.T. (2007). Verbal Irony Use in Face-to-Face and Computer-Mediated Conversations. *Journal of Language and Social Psychology*. SAGE Publications.

Hoffman, D.L., Novak, T.P., & Peralta, M. (1999). Building Con Trust Online. *Communications of the ACM*, Vol. 42; 4.

Jackson, T., Dawson, R., & Wilson, D., (2002). The Cost Of Email Interruption. *Computer Science Department*. UK: Loughborough University.

Jackson, T.W., Dawson, R., & Wilson, D. (2003). Understandin Email Interaction Increases Organizational Productivity. *Communications of the ACM*, Vol. 46; 8.

Jackson, T.W., Burgess, A., & Edwards, J. (2006). A Simple Approach to Improving Email Communication. *Communications of the ACM*, Vol. 49; 6.

Kandola, P. (2006). The Psychology of Effective Business Communications in Geographically Dispersed Teams. A Research Report.

Keila, P.S., & Skillicorn, D.B. (2005). Detecting Unusual Email Communication. School Computing. USA: Queen's University.

Laplante, D., & Ambady, N. (2003). On How Things Are Said: Voice Tone, Voice Intensity, Verbal Content and Perceptions of Politeness. *Psychology Journal Of Language and Social*, 22, 434.

LaToza, T.D., Venolia, G., DeLine, R. (2006). Maintaining Mental Models: A Study of Developer Work Habits. Microsoft Research.

Marsh, K.L., Hart-O'Rourke, D.M., & Julka, D.L. (2007). The Persuasive Effects of Verbal and Nonverbal Information in a Context of Value Relevance. *Personality and Social Psychology Bulletin*. SAGE Publications.

McAtammey, G., & Parker, C. (2006). An Examination of the Effects of a Wearable Display on Informal Face-to-Face Communication. Canada: Montréal, Québec.

Murnan, C. A. (2006). Expanding Communication Mechanisms: They're Not Just Emailing Anymore. Oberlin College.

Nelson, S., Iverson, L., & Tang, A. (2006) Going with the Flow: Email Awareness and Task Management. Human Communications Technology Laboratory University of British Columbia. Canada: Vancouver.

Neustaedter, C., Bernheim-Brush, A.J., & Smith, M.A. (2005). Beyond "From" and "Received": Exploring the Dynamics of Email Triage. Late Breaking Results: Short Papers. Canada and Microsoft Research.

Pirolli, P. (2003). A Theory Of Information. 10th International Conference on Human Computer Interaction 2003; 2003 June 22-27; Crete; Greece.

Pirolli, P., Fu, W., Chi, E., & Farahat, A. (2005). Information Scent and Web Navigation; Theory, Models and Automated Usability Evaluation. PARC, Carnegie Mellon University.

Pirolli, P., & Fu, W.T. (2007). Snif-Act: A Cognitive Model of User Navigation on the World Wide Web. Manuscript submitted to Human-Computer Interaction.

Stone, J., / Merrion, S. (2004). Instant Messaging. Symantec.

Tassabehji, R., & Vakola, M. (2005). Business Email: The Killer Impact. *Communications of the ACM*. Vol. 48.

Tassabehji, R., & Vakola, M. (2005). Bussines The Killer Impact. *Communications of The ACM*, Vol. 48; 11.

Turski, A., Warnack, D., Cheng, L., Farnham, S., & Yee, S. (2005). Inner Circle – People Centered Email Client. Late Breaking Result: Posters. Microsoft Research.

Vollmer, G., & Gabner, K. (2005). Quality Improvement of Email Communication in Work Groups and Organizations by Reflection. Engineering Fraunhofer Institute for Software and Systems

Walther, J.B., Loh, T., & Granka, L. (2005). Let Me Count The Ways: The Interchange of Verbal and Nonverbal Cues in Computer-Mediated and Face-to-Face Affinity. *Psychology Journal of Language and Social*, 24; 36.

Walther, J.B., & Bunz, U. (2007). The Rules of Virtual Groups: Trust, Liking, and Performance in Computer-Mediates Communication. *Journal of Communication.*

Walther, J.B. (2007). Selective Self-Presentation in Computer-Mediated Communication: Hyperpersonal Dimensions of Technology, Language and Cognition. Department of Communication/Department of Telecommunication, Information Studies & Media. USA: Michigan State Univerity.

Whittaker, S., Bellotti, V., & Gwizdka, J. (2006). Email in Personal Information Management. *Communications of The ACM*, Vol 49; 1.

Wilson, E.V. (2002). Email Winners and Losers. Communications of the ACM, Vol. 45; 10.

Zviran, M., Te'eni, D., & Gross, Y. (2006). Does Color In Email Make A Difference?. *Communications of the ACM*, Vol. 49; 4.

Internet:

Basex Inc. Consultado la 2da semana de Septiembre de 2007: www.basex.com

Cisco Systems (Septiembre 2006). Psicología de las Comunicaciones Empresariales Efectivas en Equipos de Trabajo. Consultado la 1era semana de Septiembre de 2007: www.cisco.com/global/MX/psicologia_comunicaciones/index.shtml

Cornell University. Consultado la 1era semana de Septiembre de 2007: www.cornell.edu.

Cotee, P. (2004). Reviving The Art Of Conversation. Consultado la 1era semana de Septiembre de 2007: findarticles.com/p/articles/mi_qn4153/is_20040921/ai_n12099316

Hale, J. (2007). Carleton University Magazine Online Technology in Flux. The cultural impact of the technology wave. Consultado la 3ra semana de Septiembre de 2007: magazine.carleton.ca/2007Winter/1835.htm

James, W. (1997). El papel del trabajo y la biología en los nuevos entornos comunicacionales. Venezuela: Funredes. Consultado la 1era semana de agosto de 2007: www.parc.com.

Liendo, Pablo (1842-1910). Cita: "El arte de la sabiduría es el arte de saber qué pasar por alto". Consultado el 6 de Septiembre de 2007: en.wikipedia.org/wiki/William_James

Nielsen Norman Group. Consultado la 2da semana de Octubre de 2007: www.nngroup.com.

Palo Alto Research Center (PARC). Consultado la 1era semana de Septiembre de 2007: www.funredes.org/liendo/charlas/diabetes/diabetes.htm.

Pirolli, P. (1995). Information Foraging in Information Access Enviroments. Consultado la 1era semana de Septiembre de 2007: acm.org/sigchi/chi95/proceedings/papers/ppp_bdy.htm

Pirolli, P. (1995). Information Foraging in Information Access Environments. and Stuart Card. Consultado la 2da semana de Septiembre de 2007: acm.org/sigchi/chi95/proceedings/papers/ppp_bdy.htm

Pirolli, P. (2003) A theory of information scent. 10th International Conference on Human Computer Interaction 2003; 2003 June 22-27. Consultado la 3era Semana de Septiembre de 2007: www.infovis-wiki. net/index.php/Information_Foraging

Pirolli, P. (2006). Social Information Foraging and Collaborative Search. Consultado la 1era semana de Septiembre de 2007: www2.parc. com/istl/projects/uir/publications/items/UIR-2006-06-Chi-Social-Foraging.pdf

Pirolli, P. (2006). Social Information Foraging and Collaborative Search. Consultado la 2da semana de Septiembre de 2007: www2.parc.com/ istl/projects/uir/publications/items/UIR-2006-06-Chi-SocialForaging.pdf

Poynter Institute. Consultado la 2da semana de agosto de 2007: www. poynter.org.

Rayner, K. (1998). Eye movements in reading and information processing: 20 years of research. Consultado la 3ra semana de Septiembre de 2007: www.ling.ohio-state.edu/~speer/ling871et/readings/Rayner98.pdf

Real Academina Española. Consultado la 2da semana de diciembre de 2007: www.rae.es.

Revista Discover. Consultado la 2da semana de Septiembre de 2007: www.discovermagazine.com

Sinónimos.org. Consultado la 2da semana de diciembre de 2007: www. sinonimos.org.

Stanford University. Consultado la 1era semana de agosto de 2007: www. stanford.edu.

Sun Microsystems Usability Labs. Consultado la 2da semana de noviembre de 2007: www.sun.com/esability.

Wichita State University. Consultado la 1era semana de septiembre de 2007: www.wichita.edu.

Si desea organizar en su empresa
una conferencia, seminario o taller
sobre el e-mail en el trabajo...

Si necesita una asesoría especial
sobre este tema, a la medida de las
condiciones de su organización...

Si desea adquirir ejemplares
de este libro, a precio corporativo,
para distribuirlo en su empresa,
o entre amigos y colegas...

Escríba a info@cograf.com
O llámeme al:
(+58 +212) 237-6630 ó 237-9702

www.cograf.com

wwwcursoscograf.com

www.libroscograf.com

www.internetips.com

www.folletoweb.com

www.ingramcontent.com/pod-product-compliance
Lightning Source LLC
Chambersburg PA
CBHW060036210326
41520CB00009B/1155